Managing
Leadership
Communication

Sugimoto Yukari

How great leaders communicate

リーダーのための
コミュニケーション
マネジメント

トップリーダーと
メソッドから学ぶ
部下育成の奥義

杉本ゆかり [著]

中央経済社

はじめに　―本書を手に取ってくださった方へ―

ビジネスリーダーのマネジメント力を高めるコミュニケーションを獲得する

1．倍速時代を生き抜く，ビジネスリーダーの悩みと課題

　本書はビジネスリーダーに必要なマネジメントのためのコミュニケーション・メソッドを総合化し，素早く効果的に理解するためにまとめたものです。その対象はすべてのリーダーです。新人リーダーは部下やメンバーへの指示や指導の方法など，メンバーマネジメントが理解できます。中間層のリーダーは改めてマネジメントを振り返り点検しながら，自己のモチベーションを高めることができます。一方，多くの経験をもつリーダーはこれまでの経験を整理して再確認し，新しいメソッドを追加することができる一冊です。

　この本は，リーダーに求められる4種のマネジメント能力をステップアップしながら理解する構成になっています。最終的には部下やメンバーを成長に導くためのコミュニケーションマネジメント力が獲得できます。本書で示す処方的なアプローチは，リーダーや部下が望む結果に早くたどり着くための羅針盤となるでしょう。

【FIRST STEP】相手を尊重し，正しく情報を伝えるための
意思伝達マネジメント能力
【SECOND STEP】解決のための資源を見出し，行動を促す
目標達成マネジメント能力
【THIRD STEP】意思決定の癖を利用し，望ましい行動を導く
行動変容マネジメント能力
【LAST STEP】アイディアを発想させ，創造性を高める
問題解決マネジメント能力

2

　本書の特徴は，各章が前編【トップリーダー編】と後編【メソッド編】の2編制で構成され，コミュニケーションマネジメントを理解していく点にあります。

　前編【トップリーダー編】では，各分野でトップを極め成功をおさめている4人のトップリーダー，ノーベル生理学医学賞受賞者の山中伸弥氏，サッカーワールドカップカタール大会2022 日本代表監督の森保一氏，京セラ・KDDI創業者の稲盛和夫氏，アップル共同創業者スティーブ・ジョブズ氏にフォーカスします。4人の信念・思考や言葉から，人との関わり方や部下育成に関わるリーダーシップの秘訣を紐解きます。

　後編【メソッド編】では，部下の能力を引き出し4つの能力を獲得するための近道である最強メソッド，アサーティブコミュニケーション理論DESC（ディスク）法，コーチング理論GROW（グロウ）モデル，ナッジ理論MIND-SPACE（マインドスペース），発想法SCAMPER（スキャンパー）法について事例を交えながらご説明し，コミュニケーションマネジメント力をスキルアップしていきます。

　本書で取り扱うメソッドは，部下のモチベーションをアップして成果をあげながら，成長に導くためのものです。同時に他部署との連携やクライアントへの依頼・交渉にも抜群の効果を発揮します。この本が一般的な話し方やコミュニケーションを扱った本と異なる点は，マネジメント力を高めることに主眼をおいていることです。「どうコミュニケーションをとれば成果があがるマネジメントができるのか？」について具体的に示したものです。

　ダイナミックに変化する複雑なビジネス環境の中で，リーダーが自己の経験だけを頼りにコミュニケーションの向上を図りマネジメントを行うことは，いまや難しいといえるでしょう。「感覚でとりあえずやってみる」では対応しきれないことを，みなさまは既に実感しているはずです。

　コミュニケーションの手段は多様化しています。会議や研修会はオンラインが増えています。情報伝達や業務指示はチャットツールでの会話が主流となっている企業も多くあります。オンライン会議では，相手の表情や反応がうまくつかめないものです。コトバは通じているかもしれないけれど本当に相手が腹

落ちしているのか，今一つ相手の心が読めない，という経験はありませんか？
チャットでの指示では背景や説明が不十分で要領を得ず，結局アウトプットの
出し直しが増える事態が起きており，部下を困らせるケースもあるようです。
社内では英語が公用化され，部下が外国育ちという上司もいます。こうしたと
き，どのようにコミュニケーションをとることがベストなのでしょうか？　も
はや意識も状況も人との関わり方でさえも変化しているのです。だからこそ，
コミュニケーションマネジメント力を高めることは，リーダーにとってことの
ほか重要なのです。

　リーダーは社会活動も意思決定も高速化している「倍速時代」を生きていま
す。わからないことやアイディア出しは手早くチャットGPTに聞き，コンテ
ンツは早送りやスキップでチェック，生活では楽に家事をこなして時間を効率
的に使うための時短家電が買い求められています。ヒットする楽曲のイントロ
はゼロ秒，動画でさえも15秒のショートが好まれます。たしかに，わたしたち
は限られた時間のなかで，埋もれるほど多い情報を効率的に取捨選択する必要
があります。時間対効果を示すタイパ（タイムパフォーマンス）を重視した意
思決定は，今日では必須スキルなのかもしれません。
　リーダーはチームの成果を考えながら，自らも早急に結果が出せるよう知恵
を絞り取り組んでいます。並行して部下の成長を考えて，スピード感のある業
務推進に追われる日々を過ごしていることでしょう。時間に追われながら部下
やメンバーを指導するためには，新しい感覚や感性の理解と合理的な手法の獲
得が不可欠です。つまり，**今までとは異なる新しい視点でのコミュニケーション
が求められます。そのためにはマネジメントのための適切なコミュニケー
ションのメソッドを学び，自己のスキルを向上させることが近道なのです。**

　筆者は大学でリーダーシップ，企業マネジメント，マーケティングなどの講
座を担当し，企業や学会での講演活動を行っています。これまでに2,000件を
超える企業研修や講演会でリーダーシップ，マネジメントやコミュニケーショ
ンマネジメントの理論をお伝えしてきました。
　大手企業や大規模病院の研修会では，受講者から「リーダー，マネジャーと

言われてもスキルを学んだことはないし，どう部下やメンバーに指導したり伝えたりしてよいかわからない」「企画の仕事をしているが，他部署の人に依頼したり指示したりするのは難しい」という悩みを多く聞きます。

　現役管理職を対象とした「部下育成の課題」調査によると，部下育成の悩みを抱える管理職は62.0％を占めています。そして，育成の悩みトップ3は「部下に成長意欲がない37.6％」「育成に割く時間があまり取れない36.4％」「どう育成して良いかわからない32.2％」と，報告されています[1]。筆者も研修会や講演でみなさまの声を聞くたびに，部下やメンバーへの指導や他者への適切な依頼の方法について悩んでいる人が多いことを実感します。

　新人リーダーから多くの経験をもつリーダーまでのほとんどが，部下やメンバーを成長させるための近道を探っているのです。だからこそ，筆者が依頼される講演・研修会の多くは，

■　部下のモチベーションをあげながら指示や情報を正しく伝えるためには，どのように表現したらよいのでしょうか？

■　部下の視野が広がり，自発的にやる気をもって目標を達成してもらうためには，どのように導いたらよいのでしょうか？

■　くどくど言わずに，部下が行動を変えてくれる方法はありますか？

■　部下の発想力が豊かになり，自ら問題を解決する指導法はありますか？

というリーダーからの悩みによるものなのです。

　リーダーの抱える部下育成の問題は，組織の状況が影響しています。それはいくつかのパターンに分かれているのです。

【1】　組織の人口ピラミッドがきれいな形ではなく，ここ数年で新採用を大規模で行ったため，3〜5年目の業務になれてきたメンバーが大量の新人部下を抱え，育成に困っている。

【2】　新卒はあまり採用されず，メンバーの多くが経験者であり，リーダーは経験がごちゃ混ぜのメンバーに対してマネジメントする必要があり，育成に困っている。

【3】　中間層が抜けてしまい，経験値の高いリーダーが，カルチャーが異なる若いメンバーを育成しており，昔の方法では通用しなくて困っている。

【4】　リーダーはスパンオブコントロール（Span of Control）[2] の限界を超えた人数を見ているため，メンバーグリップ[3] が弱くなって，これまでできていたような育成が思うようにいかなくて困っている。

　みなさまの置かれた環境は，どれかに当てはまっているでしょうか？　これらの状況下でマネジメントするためには，本書が示したメソッドを理解することが近道です。

　日本の組織では勤務年数や年齢によってマネジメントを任される傾向がまだ残っており，学ぶ機会がないまま感覚でマネジメントをするしかないケースが多いようです。またコミュニケーションは自分の特性であり，コミュニケーションに関わる問題は自分で解決するしかないと思い込み，悩む声をたくさん聞きます。しかし，自分1人で解決するのは難しいものです。

　リーダーは何故マネジメントにおけるコミュニケーションの難しさに直面するのでしょうか？　理由は様々ですが，人は多様な思考と異なる価値観を持ち合わせていることが原因のひとつです。気合や根性では通じません。友人の話では，昨今，若年層が若年層のメンバーマネジメントをしている若い組織もあるそうです。いわゆるZ世代がZ世代に対してどうすればいいんだ？という感じです。いずれにしても，一朝一夕には行かないものです。

　多忙な業務を効果的にすすめるため，リーダーは部下への正しい情報提供や指導など意思伝達コミュニケーション能力が必要だと感じているでしょう。さらに，部下が自ら考えアイディアを出して問題を解決し，自主的に目標を達成してくれることを期待しているはずです。これらはリーダー自身の効率的な業務遂行に欠かせないからです。

2．部下を成長に導く，コミュニケーションマネジメントの4ステップ

　本書では，トップリーダーのマネジメントスキルとコミュニケーションマネジメントのメソッドを融合させて，リーダーに必要な能力を4ステップで高めていきます（**図表0-1**）。

【図表0-1】 コミュニケーションマネジメントの4ステップ

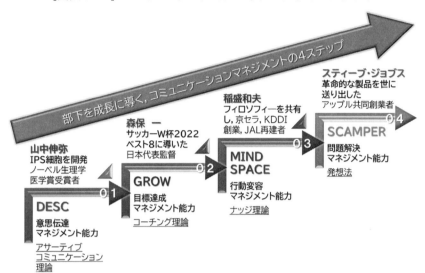

　各章の前編でフォーカスするトップリーダー4人の共通点は，人生で挫折を味わい回り道を繰り返しながらも粘り強く挑戦し続け，リーダーシップを発揮して結果を出している点にあります。そして，4人は枠にとらわれない柔軟な思考と革新的な創造力をもち，変化の時代を生き抜いてきているのです。これはトップリーダー1人の力で成し得たものではないでしょう。成功者として世界で注目されているこの4人は，深い信念と鋭い洞察力をもち，人を育て組織の活力を高めたからこそ功績を残しているのです。

　これまで4人に関する書籍では，彼らの戦略，イノベーションについて多くが語られています。一方，本書は4人が人と関わるうえで何を大切にしてリーダーシップをとっているのかに注目しています。その秘訣は部下育成に関わるコミュニケーションマネジメントのヒントとなるでしょう。

　各章の後編ではリーダーに求められる4つの能力，意思伝達マネジメント能力，目標達成マネジメント能力，行動変容マネジメント能力，問題解決マネジメント能力を高めるコミュニケーションマネジメントのメソッドをご紹介します。これら4つの能力を身に付ければ，部下を成長に導くスキルは万全です。

第1章　FIRST STEP　意思伝達マネジメント能力

　ファーストステップでは，意思伝達マネジメント能力の向上を目指します。**コミュニケーションマネジメントにおいて，意思伝達マネジメントが最も重要です。そのうえでセカンドステップ以降が成り立つと考えます。**このファーストステップを身に付ければリーダーと部下の関係性は深まり，部下への意思伝達がスムーズになるでしょう。そして，セカンドステップ以降で部下育成にドライブをかけることができるのです。

　【トップリーダー編】では，モチベーションアップにつながるレジリエンス（しなやかさ，乗り越える力，回復力）を大切にし，**未来に命をつなぐiPS細胞を作製してノーベル生理学・医学賞を受賞した山中伸弥氏にフォーカスします。**

　レジリエンスとは，困難な状況やストレスに直面したときでも適応できる能力です。レジリエンスが高い人は，どのような状況にあってもモチベーションを維持することができると考えられています。

　山中氏はコミュニケーションの問題点について「言葉の誤解は，そこに感情が潜り込んでいることがほとんどです。相手が強く主張してきたときに自分が反対意見だったとしても，まずは「なるほどね。そういうふうにも考えられるね」とロジカルな部分に共感する力が大切なのです。こちらが共感すれば，相手も気持ちを寄せてくれる場面が増えるものです[4]」と語っています。

　山中氏は常に相手の気持ちを尊重し，建設的な会話を心がけ，正しく承認・評価していることが伺えます。この姿勢は正しい意思伝達の基本であり，ファーストステップ後編（18頁）で紹介するアサーティブコミュニケーションの本質ともいえるでしょう。

　医療の世界で治療方針を決定する際に取り入れられるのが「根拠に基づく医療」を意味するEBM（Evidence-Based Medicine）です。EBMで重要視されているのは，過去の経験，慣習・勘，前例を疑うことです。治療では感覚や感情を除外し，科学的な根拠に基づき現段階での最善策を検討します。

　山中氏も先入観を排除し，過去の慣習や前例を疑ったほうがいい場面は，これからもっと増えてくると考えており，いろいろなことが通用しなくなってい

ると感じています[5]。

　正しく意思伝達をするためには，事実と感情を正しく切り分け，共感を加えてロジカルに相手に伝える必要があります。その結果，こちらの伝えたいことが正しく相手に伝わるのです。この点もアサーティブコミュニケーションのポイントと一致しています。

　トップリーダー編では山中伸弥氏のリーダーシップを通して，意思伝達マネジメントのポイントを探っていきます。

　【メソッド編】では，意思伝達マネジメント能力を高める方法をご紹介します。 ファーストステップでは相手の立場や意見を尊重しつつ，自分の主張を正確に伝える自己表現アサーティブコミュニケーション理論のDESC法をご説明します。

　多くのリーダーは，部下がモチベーションを高めながら，指示や指導を正しく理解してくれることを願っています。時には言いにくいことを伝える場面もあるでしょう。注意したい点は，このときリーダーの指示や指導がどんなに建設的な話であっても，部下が正しく受け止めて理解をしてくれないと成果にはつながらないことです。筆者が招かれる研修会の受講者も，良好な関係を保ちながら自分の指示や指導を部下に正しく伝えるコミュニケーション力の獲得を第1に望む方が多くいます。

　意思伝達マネジメント能力の向上には，アサーティブコミュニケーション理論のフレームワークDESC法の修得が早道だと考えます（図表0-2）。アサーティブコミュニケーションは意思伝達の段階的主張法です。相手を尊重しながら自分の意見や思っていることを相手に主張できる自己表現法なのです。

【図表0-2】　DESC法

Describe	Explain Empathize	Suggest Specify	Choose Consequences
描写する	説明する・共感する	提案する・明示する	選択する・結果を示す

　このDESC法は，Describe（描写する），Explain・Empathize（説明する・共感する），Suggest・Specify（提案する・明示する），Choose・Consequences

（選択する・結果を示す）の4段階により，事実と感情を切り分けて共感を示します。その結果，攻撃しない主張により指示や指導を理解してもらうことができ，部下への適切なコミュニケーションマネジメントが可能となるのです。

第2章　SECOND STEP　目標達成マネジメント能力

　リーダーは目標達成にあたり，結果論ではなく正しいプロセスが踏まれているのか否かに焦点を当てる必要があります。正しいプロセスをたどらなければ，継続的な良い結果にはつながりません。

　【トップリーダー編】では，サンフレッチェ広島の監督として4年間で3度のリーグ優勝を果たし，**サッカーワールドカップカタール大会2022で日本代表を予選首位通過に導いた代表監督の森保一氏に注目します。**

　森保氏は選手に質問を投げかけて考えさせ，選手の言葉に耳を傾けて考え方や能力を深く理解したうえで，戦略や戦術に取り入れています。コーチング理論を実践して選手を成長に導く監督だと言えるでしょう。

　森保氏の日本代表監督としての評価は様々であり，カタール大会については森保氏への称賛と批判が繰り返されます。それでも強い思いは揺るがずに強豪国ドイツやスペインを破り，日本代表をベスト16に導いています。

　森保氏は選手の思考や能力を的確に理解し，常に選手を巻き込んで選手自身が主体的に考えて納得解を作り上げる方法によりチームを成長させています。決勝トーナメント進出を懸けたスペイン戦では，選手からシステム変更が提案されます。森保氏がその提案を信頼して受け入れたことを，多くのメディアが取り上げています。8強入りを懸けたクロアチアとのPK戦でも，監督が蹴る選手を決めたのではなく，選手が勇気をもって手をあげ自主的に蹴っています。森保氏は選手の自主性と挑戦，勇気を信頼し見守っており，その姿勢を常に貫いています。

　トップリーダー編では森保一氏のリーダーシップを通して，部下が自発的に考え行動するための目標達成マネジメントのヒントを探っていきます。

　【メソッド編】では，**目標達成マネジメント能力を高める方法をご紹介します。**セカンドステップでは部下が自発的に考え，行動するための気づきのサイクルを回し，目標達成を実現させるコーチング理論GROWモデルをご説明し

ましょう。

　部下が目標を達成するためには，1つひとつリーダーに指示を仰がないと進めない状況から抜け出さなければいけません。解決策として，部下自身が自分の枠を超えて問題解決に必要な様々なリソースや具体的な手段に気づく必要があります。しかし，思考や想像力は経験が影響するために限界があり，部下自身が自らこの限界を抜け出すのは難しいでしょう。

　目標達成マネジメントの能力を高めるためには，コーチング理論GROWモデルの活用がベストです。コーチングは部下の気づきを促す質問の投げかけにより，目標達成につなげることができます。GROWモデルは部下を自発的に考えさせ，行動させるための気づきと学びのサイクルを回すビジネスコーチングの基本スキルです（**図表0 - 3**）。

【図表0 - 3】　GROWモデル

　GROWモデルでは，Goal（目標の明確化），Reality（現実の把握）／Resource（資源の発見），Options（選択肢の創造），Will（行動計画と目標達成の意志）のプロセスに沿った質問により，部下の思考を広めます。その結果，部下は明確で具体的な行動プロセスに気づくことができ，自発的に目標を達成することができるのです。

第3章　THIRD STEP　行動変容マネジメント能力

　人はそれが合理的ではないとわかっていても，直感やその場の感情によって非合理的な意思決定（選択）をくだしてしまうものです。この非合理的な人のインサイト（心理の深層）や無意識の行動特性を理解することは，行動変容のマネジメントにつながります。

　【トップリーダー編】では，混迷の時代に人生を問いながら京セラ，KDDIを創業し，JAL再建を果たした稲盛和夫氏に注目します。

　稲盛氏は経営破綻に陥り二次破綻も必至と言われた日本航空（JAL）をV字回復に導き，再上場させています。経営破綻に陥った当時のJAL幹部をはじめ従業員はエリート意識にとらわれ「自分たちは大丈夫」「JALはつぶれるはずがない」など，多くのバイアス（偏見・先入観）が働いていたことが考えられます。そのような状況の中で社員の意識を改革し，行動変容を導き，経営を再浮上させたことは偉業といえるでしょう。

　稲盛氏は徹底してフィロソフィを共有し，人間の可能性を信じ潜在力を引き出すことに注力してきました。稲盛氏は著書で「地位や名誉，金といった利己の欲望を抑え，リーダーは集団のために謙虚な姿勢で尽くすこと。"無私"の心をもったリーダーであれば部下は尊敬し，こちらから叱ったり褒めたりしなくても自らの考えで動くものです。人を動かす原動力は公平無私なリーダーの姿です。自分を磨き人格を高め尊敬されるようになれば，リーダーの指し示す目標に向かってメンバーはリーダーと一体となります。自然と努力してくれるようになるのです。みんな素直に受け入れてくれ，変わってくれるものです」と，人の行動変容について語っています[6]。

　トップリーダー編では稲盛和夫氏のリーダーシップを通して，適切な行動に促すための効果的な行動変容マネジメントに関するヒントを探ります。

　【メソッド編】では，行動変容マネジメント能力を高める方法をご紹介します。サードステップでは，部下がより望ましい方向に行動変容をおこすための行動経済学ナッジ理論MINDSPACEをご説明しましょう。

　MINDSPACEは，イギリス内閣府のBehavioral Insights Team（BIT：行動インサイトチーム）によって整理された，行動経済学で示される9つの行動特性に関するフレームワークです。ナッジ理論（Nudge：そっと後押しする）は，米国の経済学者でありシカゴ大学教授のリチャード・セイラー（Richard H. Thaler）が提唱したものです。彼は行動経済学に関する功績が認められ，2017年ノーベル経済学賞を受賞しています。

　行動変容を促すためには，人間の無意識の行動特性や意思決定の癖を把握することが先決であり，MINDSPACEの理解は不可欠だと考えます。ナッジは人間がこれまでの経験や直感，感情から，必ずしも合理的でない行動をとり得ることが前提となっており，人間の非合理性を活かして人々がより良い選択を

自発的に取れるように手助けする手法です[7]。

　セイラーはナッジを「選択を禁じることも，経済的なインセンティブを大きく変えることもなく，人々の行動を予測可能な形で変える選択アーキテクチャのあらゆる要素を意味する」と定義しています[8]。

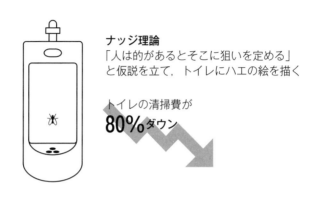

ナッジ理論
「人は的があるとそこに狙いを定める」
と仮説を立て，トイレにハエの絵を描く

トイレの清掃費が
80%ダウン

　ところで，みなさまは男性用トイレの小便器の中にハエの絵や◎などの的が描かれているのを見たことがありますか？　アムステルダムのスキポール空港では，男子トイレの清掃費削減が課題となっていました。そこで「的があると，そこに狙いを定める」という，人間の行動特性や意思決定の癖を利用しようと考えます。的となるハエを便器に描いたら，人は無意識にハエを目がけて一歩前に出て用を足し，尿はねによる汚れを防ぐことができるのではないか？との仮説を立てたのです。それまで注意を促す張り紙の効果はありませんでした。しかし，ハエ１匹を便器に描いただけで便器の汚れが激減し，清掃費は80%減少したことが報告されています。この行動は，無意識に働きかけ誘導するナッジによって行動変容がおきているのです。ハエを便器に描いた調査はナッジ理論を一躍有名にしました。ナッジは人により良い行動を促すための効果的な方法だといえるのです[9]。

　MINDSPACEは人間の９つの行動特性に注目したフレームワークです（**図表0-4**）。Messengers（権威のある人，あるいは重要な人からの情報に影響を受ける），Incentives（その行動をとらないと損するように思える），Norms（他の人がやっていること（社会規範）に影響を受ける），Defaults（あらかじめ設

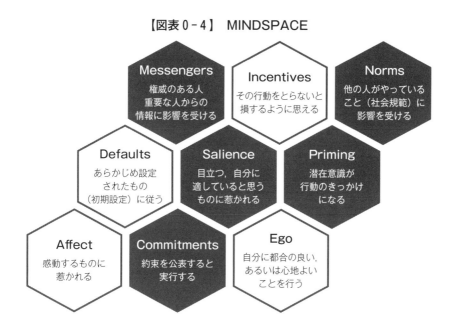

【図表 0 - 4】　MINDSPACE

Messengers
権威のある人
重要な人からの
情報に影響を受ける

Incentives
その行動をとらないと
損するように思える

Norms
他の人がやっている
こと（社会規範）に
影響を受ける

Defaults
あらかじめ設定
されたもの
（初期設定）に従う

Salience
目立つ，自分に
適していると思う
ものに惹かれる

Priming
潜在意識が
行動のきっかけ
になる

Affect
感動するものに
惹かれる

Commitments
約束を公表すると
実行する

Ego
自分に都合の良い，
あるいは心地よい
ことを行う

定されたもの（初期設定）に従う），Salience（目立つ，自分に適していると
思うものに惹かれる），Priming（潜在意識が行動のきっかけになる），Affect（感
動するものに惹かれる），Commitments（約束を公表すると実行する），Ego（自
分に都合の良い，あるいは心地よいことを行う），という人間の特徴を踏まえ
たものです。これらの行動特性を活用して，行動変容を促します。

第4章　LAST STEP　問題解決マネジメント能力

　ビジネスの場では，予想していなかったアクシデントや積み上げられた課題
など，様々な問題が日々発生していることでしょう。業務改善や企画提案など
課題は山積みです。ただし，リーダーがすべての問題を解決していては，いく
ら時間があっても足りません。部下が様々な切り口でアイディアを生み出し，
解決に導く必要があります。ラストステップでは，部下が問題を解決するため
のマネジメント能力の向上を目指します。

　【トップリーダー編】では人心を掌握し，革命的な製品を世に送り出したアッ
プル共同創業者のスティーブ・ジョブズ氏にフォーカスします。

　みなさまはスティーブ・ジョブズ氏に対して独裁的なイメージをおもちではないでしょうか？　気性の激しさは知られており，若い頃は人を使うのが下手だったと評価されるジョブズ氏。ジョブズ氏の下でマネジャーとして働いていた知人は「彼は妥協を許さず完璧を求め，厳しい側面があった」と評しています。それでも様々な書籍では，部下たちへの思いやりや優しさが伺えるエピソードが書かれています。最高の製品を世に送り出すために人を育てあげる強い気持ちをもち，人と向き合っていたのです。雑誌『Fortune（フォーチュン）』はジョブズ氏をCEO of the Decade（10年で最も優れたCEO）に選出しています。

　ジョブズ氏は「Challenge your employees to grow，社員を更なる成長へと挑戦させる」という言葉を残しています。「即戦力になるような人材なんて存在しない。だから育てるんだ」とも言っています。どんなに優れた人材であっても，早々即戦力として活躍できるものではありません。本当に良いものをつくりあげるため，ジョブズ氏はこだわり抜いて挑戦させ，人の能力を最大限引き上げることに努めたのでしょう。「やりたいことをすべてできるほど優秀な人の数は多くない。だからチームに何かやらせる前によく考えるようになった。すると，どう質問したらよいのかがわかるようになった」とも話しています[10]。質問により問題を提起し，成長を促しているのです。

　トップリーダー編ではスティーブ・ジョブズ氏のリーダーシップを通して，部下が課題に立ち向かう問題解決マネジメントのポイントを探っていきます。

　【メソッド編】では，問題解決マネジメント能力を高める方法をご紹介します。ラストステップでは7つの質問で発想を豊かにし，アイディアをひらめかせて，問題解決に役立つ発想法SCAMPER法をご説明しましょう。

　部下が成長するためには，部下自身が自発的に様々な課題やトラブルを解決するための思考が必要であり，これをのばすマネジメント能力は欠かせないのです。問題を解決するためには，部下自身が問題の現状を把握し最善の状態になるように考えなければなりません。リーダーは問題解決のための幅広いアイディアを創出させるよう促す必要があります。これらのスキルを向上させるためには，発想法SCAMPER法の修得が最適でしょう。

　SCAMPER法は7つの質問によってアイディアを発展させたり，新たに生み出したりするための構造的な発想法です。既存のアイディアを他の角度から見

ることで新たな発想を得ることができます。部下の創造性を高め，より良い決断をくだせるように導くためのメソッドなのです。

　SCAMPER法は，Substitute（代用・置き換える），Combine（結合・組み合わせる），Adapt（応用・当てはめる），Modify or Magnify（修正・拡大），Put to other uses（別の用途・別の使いみち），Eliminate（削除・余計なものを削減），Reverse or Rearrange（逆転・再編成・もう一度整理する），の7つの質問により，問題解決の場面において短時間で理論的に様々なアイディアを生み出す方法です（**図表0-5**）。

　各章でフォーカスする4人のトップリーダーはそれぞれの信念を貫き，自分の成し遂げるべき課題に果敢に挑戦し続け，結果を出しています。彼らの思考，言葉は，リーダーのマネジメントに大きく貢献するでしょう。またリーダーに必要なコミュニケーションマネジメントの各メソッドを修得することは，リーダーに必要な4つの能力を高める最善手となります。

　各章をステップアップしてラストステップをクリアしたとき，みなさまには部下の成長を促すために必要なコミュニケーションマネジメント力が備わりま

【図表0-5】　SCAMPER法

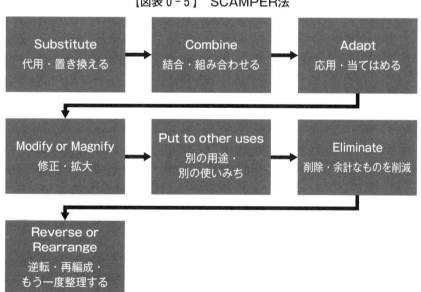

す。そして，部下にも変化が訪れることでしょう。部下の表情は明るくなり，思考はポジティブにスイッチし，モチベーションも高まるはずです。そして部下は目標にむかって課題を解決し，成長への道を歩むでしょう。

　なおファーストステップはすべての能力のベースとなるため，順番にステップアップすることをおススメします。ただしリーダーの課題に応じて，ステップはどこからはじめても問題はありません。

　終章ではトップリーダーから得たヒントと4つのマネジメント能力に紐づけた理論を整理し，すべてのリーダーが獲得すべきコミュニケーションマネジメントの極意をまとめます。**各メソッドのポイントを押さえてステップアップすることで，部下との関わり方が様変わりし，明日からのマネジメントが劇的に変わること間違いありません。**

　本書を活用することで，みなさまと部下，メンバーとの関係性が良好なものとなり，業務も効率化を遂げることを心から願っています。そして，この本で示すコミュニケーションマネジメントによって部下やメンバーの方々が成長してくださることを期待しています。

　それでは深呼吸をして，オープンマインドでスタートしましょう。

注 ■────────────

1　(EdWorks, 2023)
2　スパンオブコントロールとは，マネジャー1人が直接管理している部下の人数や業務の領域を示す。
3　チームメンバーとの良好な関係性を構築すること。
4　(山中・成田，2021，pp.185-186)
5　(山中・成田，2021，p.120)
6　(プレジデント，2013，p.41)
7　(JLGC，2022，p.6)
8　(セイラー＆サンスティーン，2009，p.17)
9　(セイラー＆サスティーン，2009，p.14)
10　(桑原，2010，p.75)

【本書のステップ早見表】

	第1章 FIRST STEP	第2章 SECOND STEP	第3章 THIRD STEP	第4章 LAST STEP
獲得できるマネジメント能力	相手を尊重し部下に正しく指示・指摘情報を伝えるための【意思伝達】マネジメント能動	部下が解決のための資源を見出し行動を促すための【目標達成】マネジメント能動	部下の意思決定の癖を利用し、望ましい行動を導くための【行動変容】マネジメント能動	部下のアイディアを発想させ創造性を高めるための【問題解決】マネジメント能動
トップリーダー	iPS細胞を作製しノーベル医学・生理学賞を受賞した山中伸弥氏	サッカーW杯カタール大会で予選首位通過に導いた日本代表監督の森保一氏	京セラ、KDDIを創業し、JAL再建に貢献した稲盛和夫氏	革新的な製品を世に送り出したアップル共同創業者のスティーブ・ジョブズ氏
マネジメントメソッド	アサーティブコミュニケーション理論 DESC法	コーチング理論 GROWモデル	行動経済学ナッジ理論 MINDSPACE	発想法 SCAMPER法
メソッド概要	[DESC] Describe 描写する Explain 説明する Empathize 共感する Suggest 提案する Specify 明示する Choose 選択する Consequences 結果を示す 4つのステップにより事実と感情を切り分けて共感を示します。	[GROW] Goal 目標の明確化 Reality 現実の把握・資源の発見 Resource Options 選択肢の創造 Will 行動計画・目標達成の意志 4つのプロセスにより思考を高め、自発的に行動に移させることができます。	[MINDSPACE] Messengers 権威のある人、あるいは重要な人からの情報に影響を受ける Incentives その行動をとらないと損すると思えるよう Norms 他の人がやっていること、社会規範に影響を受ける Defaults あらかじめ設定されたもの（初期設定）に従う Salience 目立つ、自分に適していると思うものに惹かれる	[SCAMPER] Substitute 代用する・置き換える Combine 結合・組み合わせる Adapt 応用・当てはめる Modify or Magnify 修正・拡大する Put to other uses 他の用途・別の使いみち Eliminate 削除・余計なものを削る Reverse or Rearrange 逆転・再編成・もう一度整理する

手法	概要	メソッド活用のメリット
アサーティブ・コミュニケーション DESC法	アサーティブ・コミュニケーションは意思伝達の段階的な主張法です。 DESC法は、相手の感情に流されず、攻撃を相手に伝えず、自分の意見や主張を相手に伝えます。その結果、部下への正しい意思伝達が可能となり、適切なマネジメントが可能となります。	① コミュニケーション能力が向上します。 ② 業務の生産性を高めることができます。 ③ 仕事によるストレスを軽減することができます。 ④ 働きやすい環境が整えられます。
コーチング GROWモデル	コーチングは、部下の成長や変化を促し、相手への質問により、最大限の力を発揮させることを目指す指導法です。 GROWモデルは、部下を自発的に考えさせ、行動させるための気づきを学びビジネスコーチングの基本スキルです。	① 目標達成に向けた具体的なプラン策定が可能になります。 ② 現状を正確に把握することができます。 ③ 目標達成のための選択肢を明確にできます。 ④ 目標達成に向けた具体的なプロセスを明確化することができます。
ナッジ理論 MINDSPACE	ナッジ理論は、習慣化したバイアスに陥りやすい点を活用し、人々がより良い選択を自発的に取れるように手助けする手法です。 行動変容を促すためには、人間の行動特性や意思決定の癖を把握することが先決であり、MINDSPACEの理解は不可欠だといえます。 Priming 潜在意識が行動のきっかけになる Affect 感動するものに惹かれる Commitments 約束を公表すると実行する Ego 自分に都合の良い、あるいは心地良いことを行う 人間の9つの行動特性を踏まえて行動変容を促します。	① 強制することなく働きかけるため、反発を招くことなく行動変容を促進することができます。 ② 意思決定の癖（特性）を利用するため、高い効果が見込めます。 ③ 自分や部下が起こしやすい意思決定の癖を把握することで、ミスや誤りを事前に予測して避けることができます。
SCAMPER法	7つの質問により、構造的に考えることができ、適切で効率的な問題解決に導くことができます。 SCAMPER法は、構造的な思考法であり、既存のアイディアを他の角度から見ることで新たな発想を得る手法です。 部下の創造性を高め、より良い決断をくだせるように導くことができる手法です。	① 短時間で問題解決のためのアイディアが量産できます。 ② 発想の切り口（質問）が明確なため、質問に沿って考えることができます。 ③ 各種の質問に強制的に結びつけて発想することができます。 ④ 適切な質問により、アイディアの基となる案が次々と思いつくため、連想されます。

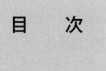

目　　次

はじめに　―本書を手に取ってくださった方へ―
ビジネスリーダーのマネジメント力を高めるコミュニケーションを獲得する
――――――――――――――――――――――――――――――――――― 1

1．倍速時代を生き抜く，ビジネスリーダーの悩みと課題　*1*

2．部下を成長に導く，コミュニケーションマネジメントの
　　4ステップ　*5*

　第1章　FIRST STEP　意思伝達マネジメント能力　*7*

　第2章　SECOND STEP　目標達成マネジメント能力　*9*

　第3章　THIRD STEP　行動変容マネジメント能力　*10*

　第4章　LAST STEP　問題解決マネジメント能力　*13*

第1章

［FIRST STEP］部下への適切な意思伝達マネジメント
―山中伸弥氏のリーダーシップ＆アサーティブコミュニケーション
理論DESC法― ――――――――――――――――――――――― 1

ファーストステップ【トップリーダー編】

1．山中伸弥氏の生き方「人間万事塞翁が馬」　*3*

2．レジリエンスを大切にする　*5*

　　（1）　自己肯定感を高める　*6*

　　（2）　感情調節　*7*

　　（3）　自己効力感を高める　*8*

　　（4）　楽観性を高める　*8*

（5）　関係性を高める　9

3．コミュニケーションを図ることに貪欲になる　10

4．心に残る贈られた言葉，人を叱るときの４つの心得　12

5．根拠に基づく医療＝EBMをビジネスで活用する　13

6．トップリーダー山中伸弥氏から学ぶコミュニケーションマ
　ネジメントのヒント　14

ファーストステップ【メソッド編】

1．「伝えること」より「伝わること」―適切な意思伝達のため
　のマネジメントを探る　16

2．相手を尊重し，指示・意見・情報を提供するためのアサー
　ティブコミュニケーション　18

（1）　アサーティブコミュニケーションとは　18

（2）　アサーティブコミュニケーションのメリット　19

（3）　アサーティブなコミュニケーション力が低い場合のリス
　　　ク　21

3．あなたのコミュニケーションスタイル（自己表現）はどの
　タイプ？　22

（1）　Aggressive Type（アグレッシブタイプ）＝攻撃的自己
　　　表現　22

（2）　Non Assertive Type（ノンアサーティブタイプ）＝非主
　　　張的自己表現　24

（3）　Assertive Type（アサーティブタイプ）－主張と尊重の
　　　自己表現　25

4．アサーティブな表現を目指す　26

5．お互いの感情に流されず，相手に理解してもらうための
　DESC法　27

6．DESC法のポイントと表現例　28

（1）　【第1段階】Discribe（描写する）　28

（2）　【第2段階】Explain, Empathize（表現する，共感する）
　　　28

（3）【第3段階】Suggest, Specify（提案する，明示する）
29

（4）【第4段階】Choose, Consequences（選択する，結果を
示す）30

7．正しい承認・評価の表現―単純に褒めれば良いわけではあ
りません　30

（1）具体的に評価を表現する　30

（2）他の人と比較しない（絶対評価）　31

（3）評価と指摘・注意を同時にしない　31

（4）インパクトのあるⅠ・Weメッセージを活用する　32

8．感情的にさせないための指摘・注意の仕方（事前準備）
33

（1）2段階の事前準備　33

（2）曖昧な言葉は避けて，客観的事実を示す　34

（3）どうしてほしいのか，具体的かつ率直・簡潔に伝える
34

9．ケーススタディ　35

10．適切な意思伝達マネジメント力を高める極意　42

第2章

[SECOND STEP] 部下の自発性を高め，目標達成に導
くためのマネジメント―森保一氏のリーダーシップ＆コーチ
ング理論GROWモデル――――――――――――――――45

セカンドステップ【トップリーダー編】

1．森保一氏の生き方「ブレない姿勢をもち続ける」　47

2．森保采配の妙　50

3．ピッチで問題を解決できるのは選手だけ，だからこそ自主
性・自発性を促す　54

4．能力を見極める―ストロングポイントをのばす　55

5．コミュニケーション力とコーチングスキル　58

6. トップリーダー森保一氏から学ぶコミュニケーションマネジメントのヒント　60

セカンドステップ【メソッド編】

1. 自らが考え工夫して目標を達成する─目標達成のためのマネジメントを探る　62

2. 相手の自発的な行動を促進するコーチング　64
　（1）　質問力の向上が，部下の考える力を育てる　64
　（2）　ティーチングとコーチングの使い分け　66

3. 目標達成に導くプロセス設計GROWモデル　67
　（1）　【G】Goal（目標を明確にする）　68
　（2）　【R】Reality（現状・現実の把握）　70
　（3）　【R】Resources（資源を発見する）　71
　（4）　【O】Options（選択肢や方法を考える）　72
　（5）　【W】Will（意志の確認）　73

4. 効果的な質問　74
　（1）　クローズドクエスチョン　74
　（2）　オープンクエスチョン　74

5. GROWモデルを活用する際に心がけること（事前準備）　76

6. ケーススタディ　77

7. 目標達成マネジメント力を高める極意　84

第3章　[THIRD STEP] 意思決定の癖を利用し望ましい行動を導く行動変容マネジメント─稲盛和夫氏のリーダーシップ＆ナッジ理論MINDSPACE─────89

サードステップ【トップリーダー編】

1. 稲盛和夫氏の生き方「利他の心で生きる」　92

2．フィロソフィを浸透させ，ミッションを掲げて夢を実現する　95

3．人間の無限の可能性を信じる　96

4．常に人として正しい判断を　97

5．直感に響く情熱で人の心を動かし，財政面は合理的に改革する　98

6．トップリーダー稲盛和夫氏から学ぶコミュニケーションマネジメントのヒント　101

サードステップ【メソッド編】

1．脳が楽な道を選ぶ非合理的なわたしたち―行動変容のためのマネジメントを探る　102

（1）　私たちの脳の中に登場する直感的な思考と熟考的な思考　102

（2）　人間の心理や行動の本質に触れるナッジで行動を誘導する　106

（3）　英国政府公式ナッジユニット　「The Behavioural Insights Team」　107

2．人間の行動に影響を及ぼす9つの行動特性MINDSPACE（マインドスペース）　108

（1）　ナッジのフレームワークMINDSPACE　108

（2）　【行動特性1：M】
Messengers（メッセンジャー／伝える人）　109

（3）　【行動特性2：I】
Incentives（インセンティブ／誘因）　113

（4）　【行動特性3：N】
Norms（ノーム／規範）　118

（5）　【行動特性4：D】
Defaults（デフォルト／初期設定）　122

（6）　【行動特性5：S】
Salience（セイリアンス／顕著性）　125

（7）　【行動特性6：P】
Priming（プライミング／先行刺激）　128

VI

（8）【行動特性7：A】
Affect（アフェクト／感情，情動）　130

（9）【行動特性8：C】
Commitments（コミットメント／約束）　132

（10）【行動特性9：E】
Ego（エゴ／自我）　136

3．行動変容マネジメント力を高める極意　138

第4章　[LAST STEP] アイディアを発想させ，創造性を高める
問題解決マネジメント―スティーブ・ジョブズ氏のリーダー
シップ＆発想法SCAMPER法―――――――――――143

ラストステップ【トップリーダー編】

1．スティーブ・ジョブズ氏の生き方「こだわり―シンプルで
美しく，完璧を求める」　146

（1）スティーブ・ジョブズをしのんで　146

（2）こだわり①―シンプルであること　147

（3）こだわり②―美しいデザインであること　149

（4）こだわり③―完璧であること　152

2．能力をのばしモチベーションを高めるストレッチゴール
153

（1）限界に挑戦する「ストレッチゴール」　153

（2）ストレッチゴールの注意点　156

（3）ストレッチゴールがモチベーションを高める　157

3．点と点が将来結びつく　157

4．即戦力になるような人材なんて存在しない　160

5．成長と再生　164

6．トップリーダー スティーブ・ジョブズ氏から学ぶコミュ
ニケーションマネジメントのヒント　167

ラストステップ【メソッド編】

1．問題解決の重要なポイントを引き出し，部下の思考を広げ
　　る　169
　　（1）　問題解決と業務改善に追われるリーダーに役立つ発想法
　　　　169
　　（2）　発想法とは　169

2．アイディア発想を促すためのヒントと注意点　172
　　（1）　発想を促すためのヒント　172
　　（2）　発想を促すための注意点　174

3．SCAMPER（スキャンパー）法　176
　　（1）　SCAMPER法とは　176
　　（2）　SCAMPER法のメリット　178

4．SCAMPER法の活用法　178
　　（1）　Substitute（サブスティチュート／代用・置き換える）
　　　　178
　　（2）　Combine（コンバイン／結合・組み合わせる）　179
　　（3）　Adapt（アダプト／応用・当てはめる）　181
　　（4）　Modify or Magnify（モディファイ・マグニファイ／修
　　　　正・拡大）　182
　　（5）　Put to other uses（プット・トゥ・アザー・ユーズ／他
　　　　の用途・別の使いみち）　183
　　（6）　Eliminate（イリミネート／削除・余計なものを削る）
　　　　185
　　（7）　Reverse or Rearrange（リバース・リアレンジ／逆転・
　　　　再編成・もう一度整理する）　186

5．問題解決マネジメント力を高める極意　187

終章　[COMPLETE] すべてのリーダーに捧げる，マネジメン
ト力を高めるコミュニケーションの極意─────191

1．ビジネスリーダーが目指すマネジメント　191

2. トップリーダーの極意　194
　　（1）　トップリーダーの傾向　194
　　（2）　トップリーダーの共通点　194

3. 各ステップでマネジメント能力を高める極意　197

4. コミュニケーションマネジメントがうまくいかない場合　206
　　（1）　嫌い・苦手などネガティブな感情がジャマをする　206
　　（2）　価値観の違いがジャマをする　207
　　（3）　先入観がジャマをする　207
　　（4）　部下・メンバーの能力・知識量を把握できていますか？　207
　　（5）　前提条件がずれているとすべてがずれる　208
　　（6）　主語と述語が適切ではない　208
　　（7）　心が疲れて余裕がない　209

5. ビジネスチャットコミュニケーションでの注意点　210
　　（1）　チャット時代に考えるコミュニケーション　210
　　（2）　チャットコミュニケーションの問題点　210

6. ダイナミックな変化の中を生きるビジネスリーダーへ　212

あとがき　215
参考文献　218

第 **1** 章

[FIRST STEP] 部下への適切な意思伝達マネジメント—山中伸弥氏のリーダーシップ＆アサーティブコミュニケーション理論DESC法—

FIRST
STEP
意思伝達
マネジメント

ファーストステップでは，山中氏のリーダーシップとアサーティブコミュニケーションから効果的な意思伝達マネジメントを修得します。

コミュニケーションマネジメントにおいて，相手を尊重しながら正しく指示・指導を伝え，理解してもらうための意思伝達マネジメントは最も重要です。そのうえでセカンドステップ以降が成り立つと考えます。

トップリーダー編では，ノーベル賞受賞者の山中伸弥氏にフォーカスします。山中氏は「研究は半分，残りは『どう伝えるか』が重要だ」と語っています。たとえば，講演や研究発表で自分は要点を話したつもり，なるべくわかりやすく話したつもりだとしても，相手が理解していなければ意味はないと考えているからです[1]。トップリーダー編では，山中氏から学べるリーダーシップについて，探っていきます。

メソッド編では，リーダーが良好な人間関係を考えたうえで，その場に合った適切な自己表現により部下に指示・指導するためのアサーティブコミュニケーションについてお伝えします。

ビジネスはリーダーが1人で結果を出せるものではありません。部下やメンバーが力を発揮してはじめて業務が成立します。ただし，命令をくだす威圧的リーダーに支配されたチームは，革新的で創造的な思考を発揮しなくなります[2]。一方，お互いを尊重し，優れた意思伝達によってリーダーシップをとるリーダーが指揮をとれば，部下は優れた業務遂行の原動力となる明快な意思決定や規律ある連携，効率的な行動がとれるのです。

ファーストステップを身に付ければリーダーと部下の関係性は深まり，部下

への意思伝達がスムーズになります。そして，セカンドステップ以降で部下育成にドライブをかけることができるでしょう。

【ファーストステップでフォーカスするトップリーダーとメソッド】

トップリーダー編		メソッド編
山中伸弥氏 レジリエンスを大切にし未来に命をつなぐ iPS細胞を作製，ノーベル生理学・医学賞を受賞		意思伝達マネジメント能力 相手を尊重し，正しく情報を伝えるための自己表現法 アサーティブコミュニケーション理論　DESC法

【ファーストステップであなたができるようになること】

■　適切に自分の考えを相手に伝えられるようになります。

■　部下に指示・指導するとき効果的な表現を用いることができるようになります。

■　相手を尊重し事実に基づいた主張を正確に伝えられるようになります。

■　誤解が生じないような表現を用いることができるようになります。

【こんなリーダーはいませんか？】

　あなたの周りにこのようなビジネスリーダーはいないでしょうか？

■　「あの件はその後どうなった？　いつも報告が遅いんじゃないか？」と，イライラしながら話す上司

■　「あなたは第1案が良いというけども，自分の経験では第2案のほうがあの取引先には通りやすいんだ。とにかく第2案で行って」と主張する上司

■　「こんな企画は全く新しさがないよね。これじゃダメだね。うまくいかないよ」と，否定的，不適切な批判などネガティブな発言が多い先輩

■　常に感情的で「なぜこんなこともできないのか！」と，すぐに怒って相手を黙らせるマネジャー

■　「悪いけど，これまたお願いね」と話しやすく頼みやすい人にしか仕事を依頼しないため，特定の人に仕事が集中するリーダー

ファーストステップ【トップリーダー編】

　山中伸弥氏のプレゼンスキルの凄さは，一番弟子の高橋和利氏が誰より認めていることです。高橋氏は大学院に入学したとき，夢のように魅力的なビジョンを熱く語る，まだ無名だった山中氏に感銘を受けて研究室の扉を叩きます[3]。そこからiPS細胞作製への道がはじまります。

　研究者は，自己の研究に興味をもってもらうための意思伝達スキルが必要です。理解されなければ研究費を獲得することはできません。優秀な学生やスタッフも集められないでしょう。山中氏の意思伝達能力の高さは，いまの成功を導く一因となっているのです。

　ファーストステップ【トップリーダー編】では，山中伸弥氏のリーダーシップを通して意思伝達マネジメントの秘訣を探ります。

1．山中伸弥氏の生き方「人間万事塞翁が馬」

　山中伸弥氏は神戸大学医学部を卒業後，整形外科で臨床研修医として勤務します。その後，米国のグラッドストーン研究所に博士研究員として留学しています。帰国後，紆余曲折を経てiPS細胞（Induced Pluripotent Stem Cell：人工多能性幹細胞）を作製する技術を開発し，世界的な注目を浴びたことはみなさまもご存じのことでしょう。

　あらゆる細胞や組織に分化できる能力（多能性）をもつ万能細胞は，未来の再生医療に大きな希望をもたらします。iPS細胞と並んで期待されるのがES細胞（Embryonic Stem Cell：胚性幹細胞）です。

　ES細胞は受精後6，7日目の胚盤胞から細胞を取り出し，それを培養することによって作製されます。一方，iPS細胞は人間の皮膚や血液などの体細胞にごく少数の因子を導入し培養することによって，様々な組織や臓器の細胞に分化する能力と，ほぼ無限に増殖する能力をもつ多能性幹細胞に変化します。

　iPS細胞は皮膚や血液など，採取しやすい体細胞を使って作ることができます。ES細胞と違って，iPS細胞は患者さん自身の細胞から作製することができ

るのです。そのため分化した組織や臓器の細胞を移植した場合，拒絶反応が起こりにくいと考えられています[4]。

　山中氏は，2008年京都大学物質－細胞統合システム拠点iPS細胞研究センターのセンター長を経て，2010年京都大学iPS細胞研究所所長に就任。2012年成熟細胞が初期化され多機能性を獲得し得ることの発見によって，ノーベル生理学・医学賞をケンブリッジ大学のジョン・ガードン氏と共同受賞しています[5]。

　この受賞はiPS細胞というどんな組織にでもなれる全く新しい細胞を生み出し，これからの再生医療や新しい薬の開発など，医療に大きな可能性を開いたことが認められたものです[6]。

　山中氏はノーベル賞授賞式後のインタビューで「私にとってノーベル賞は過去形になります。これからの研究が大切なので，これからの研究を一生懸命やっていきたいと思っています」とコメントしています。真摯な人柄が伺える表現と未来を見据える姿勢がとても印象的です。

　日本では再生医療の審査を迅速化する法律が制定されるなど，実用化に向けた環境が整備されつつあります。これにより，様々な病気，特に難病に苦しむ患者さんたちの心に明るい希望の芽を与えていることは確かです。

　山中氏は父親の死がきっかけとなり，整形外科医から医学研究者の道にすすみます。治療方法がない患者さんへの貢献を考えての変更です。山中氏の研究では，実験中に予想外なことが起き，それが新しい発見につながり続けて今に至っています。当初，研究の対象は動脈硬化でした。その時重要だと思っていた遺伝子が癌の研究につながります。癌の研究からまた新しい遺伝子を見つけ，それがES細胞と深い関わりがあることがわかります。これがやがてiPS細胞の発見につながるのです[7]。予想外の出来事をポジティブに解釈し，次の研究につなげ続けてきたことがその先の成功に結びついたのです。

　山中氏の好きな言葉は「**人間万事塞翁が馬**」です。これは人生の禍福（災難や幸福，不運や幸運）は予測できないことであり，幸せが不幸に，不幸が幸せにいつ転じるがわからないのだから，起きたことに一喜一憂しないでいい，という中国の故事です。振り返ってみて，まさにそのとおりの人生だと山中氏は語っています[8]。「人間万事塞翁が馬」は，山中氏の生き方を表す言葉と言え

るでしょう。

2．レジリエンスを大切にする

　部下のモチベーションを高めることは，リーダーの指示や指導，思考を理解し，受け入れてもらうための近道となります。意思伝達マネジメントでは，部下のモチベーションアップが不可欠です。レジリエンスの高さは，モチベーションの維持につながります。

**　レジリエンス（Resilience）とは，「（元気の）回復力」「弾性（しなやかさ）」を意味する心理学用語です。レジリエンスが高い人は，困難な問題や危機的な状況，ストレスに遭遇しても回復することができるため，モチベーションを維持することができます。**仮にミスやトラブルが生じても，要求された課題を遂行し続けることができるのです。ビジネスでは欠かせない力だといえます。

　山中氏はレジリエンスを大切にして，日々取り組んでいます。研究生活は失敗するのが普通で，なかなか思い通りにはいきません。そこで必要なのは，レジリエンスであり，忍耐力の強さです。人は負けたところからどれだけ学べるかにかかっているのです。山中氏は中学時代柔道部に入っていました。柔道部の顧問である恩師から「レジリエンスとはピンチを乗り越える力であり，つらい出来事があったとしても，しなやかに対応して生き延びる力である。レジリエンスは生まれつき備わっているものではなく，後からでも鍛えることができるものだ」と教えられます [9]。

　この力は追い詰められたときこそ大事であり，他人は動かせないけれど自分がどうするか，どう変わるかという視点が重要になります。レジリエンスがない場合，うまくいったら「俺が頑張ったから」，うまくいかないと「みんなが手伝ってくれなかったから」と思いがちです。このような思考では解決策は生まれず，立ち直る術がなくなってしまいます。「うまくいったらみんなが頑張ったからであり，うまくいかなかったら自分の問題である」と，自然に思える人は，立ち直ることができるものなのです [10]。

　山中氏はノーベル賞受賞にあたり，研究の苦労をともにしてきた高橋氏をはじめとするスタッフの名前をあらゆるメディアで挙げて，その労をねぎらって

います。1人で成し遂げたのではないことを誠実に伝えています。

行動科学とリーダーシップの研究者であり，米国陸軍士官学校のスペインとウッドラフ（Spain & Woodruff）によると，戦略的レジリエンスにはリーダーの戦略的コンピテンシー（適格性），人格，健康の向上と若手リーダーを引きつけ，パイプラインを構築する能力が含まれます[11]。レジリエンス力は，難しい課題に直面した状況下で要求されたミッションを遂行し続けるためにも，リーダーが獲得すべき能力だと言えるでしょう。

では，どうすればレジリエント力が高められるのでしょうか。教育的な介入によりその能力の向上を検討した研究によると，レジリエンス力を高める具体策として以下の5点があげられます[12]。

（1） 自己肯定感を高める

自己肯定感とは自分の良い点も悪い点も受け入れ，ありのままの自分を肯定する好意的な感覚を指します。自己肯定感は，自分自身の存在を肯定する感情なのです。**自己肯定感の高い人は，どのような結果であってもポジティブに捉えることができます。そのためチャレンジすることを恐れません。**

部下の自己肯定感を高めるためには，部下自身が自己の強みを理解する必要があります。また承認されることが欠かせません。リーダーは部下を新しいことにチャレンジさせ，部下の得意なことを探りましょう。そして，部下への肯定的な評価や承認の機会を増やし，自己評価を上げられるように促してみる方法が近道です。

ただし「承認」と「おだてること」は，まるで異なります。おだてるとは具体的な根拠のない称賛により，相手を得意にさせることです。部下の仕事が評価できないレベルの場合，無理におだてることは本人の成長にとってマイナスでしかありません。部下自身もそれはわかっているでしょう。レベルが伴わない場合は，第2章メソッド編（67頁〜）で示すGROWモデルを活用して問題解決のための資源を見出せるよう促すなど，打開策を一緒に考える姿勢が大事です。

部下へのアドバイス例

リーダーは「きみの提案書は読みやすくてわかりやすいね。鋭い視点でマーケティング分析ができているから，クライアントもこの提案書ならば納得するね」「あなたならこの課題を必ずクリアできると思っているよ」「あなたのレポートは視点がユニークで，クライアントは参考になると思うよ」などといった，具体的な評価や承認を伝えましょう。承認は部下の自己肯定感を高められます。

（2） 感情調節

新人は緊張のためプレゼンがうまくできなかったり，クライアントへの説明ができなくなったりすることがあります。緊張は，経験したことがないため予測できないこと，うまくいかないのでは？と不安になることにより起こります。

緊張場面でのルーティンや緊張緩和のアクションを取り入れることは，感情をコントロールするうえで効果的です。

ルーティンで真っ先に思い浮かぶのは，ラグビーワールドカップ2015イングランド大会での五郎丸歩選手です。当時，のばした左右の人差し指の先を合わせてキックを蹴った「五郎丸ポーズ」は脚光を浴び，子供から大人までが真似をしていました。サッカー元日本代表槙野智章選手は試合前のルーティンとして「手の平」に話しかけることをオフィシャルブログに書いています。「俺ならできる，試合に勝つ，闘え，走れ，諦めるな，身体を張れ，楽しめ！」と言い聞かせるそうです。ルーティンは決まった所作・動作を繰り返すことで，精神統一を図るためにスポーツ選手がよく取り入れています。仕事での緊張緩和にも効果があります。

部下へのアドバイス例

プレゼンテーションやクライアントとの面談の前に，緊張緩和のためのルーティンとして，リラックスできるようにストレッチや呼吸法を取り入れることを部下にすすめてみましょう。ラベンダーやサンダルウッドなどリラックスできるアロマをハンカチに付けて，緊張しそうなときに香をかぐ（＝深呼吸する）人もいます。あらかじめ心のコントロールができている時の状況を思い出し，整理しておき，再現できるようにすることも大切です。

またリーダーは部下にリハーサルなどの機会をつくり，あらかじめシミュレー

ションをしておきましょう。これらの方法により，本番では感情のコントロールができるようになります。

（3）　自己効力感を高める

　自己効力感（Self-Efficacy）とは，目標を達成する能力を自らがもっていると認識することです。「自分ならできる」「自分はうまくできる」という気持ちです。**自己効力感は「自分自身の能力」を肯定する「認知」であり，根拠のない自信ではなく「自分はできる能力がある」と，確信を持つことです。**

　テキサスA&Mインターナショナル大学のビジネススクール教授でありリーダーシップ・コミュニケーションが専門のメイフィールドら（Mayfield, J., & Mayfield, M.）によると，モチベーションを高める言葉を使ったリーダーの説得力のある意思伝達は，自己効力感の向上につながります。

　自己効力感が高いメンバーは，自己効力感が低いメンバーよりもパフォーマンスが10％改善することが確認されています。自己効力感は高まるにつれて，自分が仕事をやり遂げるための十分な能力をもっている認識も高まり，結果的に背中を押されて行動に移すことができるようになります[13]。自己効力感が高まればチャレンジ精神がついて，どんなことでも前向きにやってみようと思えるようになるでしょう[14]。

　つまり部下の成長意欲を導き出すポイントは，部下の自己効力感「私ならそれができる！」という気持ちを高めてあげることなのです。

> **部下へのアドバイス例**
>
> 　小さくてよいので達成体験・成功体験を積ませてみましょう。会議資料について「こういうアジェンダのまとめ方はよいね。みんなにもわかりやすいね」などの承認により，肯定的な思いをもたせることは効果的です。
>
> 　成功した先輩を紹介して「あの人はこの仕事でうまく行ったんだけど，どのようにやったのか聞いてみてくれないか」など，成功を代理で体験させることも自己効力感を高めます。

（4）　楽観性を高める

　山中氏の一番弟子である高橋氏は「山中先生に教わったのは研究の面白さと

実験での驚きです。たとえ理論からずれていることを言っても，頭ごなしに否定せず「面白いからやって」と言われ，やる気が出ました」と振り返っています[15]。この山中氏の肯定的で楽観的な捉え方が，高橋氏のモチベーションにつながったのでしょう。

　リーダーは「努力は報われる」というスタンスで部下に接し，何事も肯定的に受け止めます。常に楽観的であり，ものごとを長期的な視点でみられるように部下を促します。失敗をした場合でも失敗は成功のもとであると伝えて，部下が楽観的にものごとを捉えられるよう，言葉を投げかけることが効果的です。いつも否定的な表現をされると，部下のストレス値は高くなります。何ごとも肯定的で楽観的に捉えられることは，モチベーションアップにつながるのです。

部下へのアドバイス例

　「ミスしたからといってダメというわけではないよ。課題が見つかったわけだから，それを改善しよう。次に活かせるね」「あなたがいつも努力していることはわかっているよ。必ず結果につながるよ」と，肯定的で楽観的な姿勢で努力を認めてみましょう。

（5）　関係性を高める

　山中氏は研究所内のコミュニケーションだけではなく，部局を越えたコミュニケーションが重要だと考えています。それは様々な人とのコミュニケーションがなければ，新しいアイディアもイノベーションも生まれないからです。

　部下と他者との関係性を高めるためには，他の部署や他の専門業務の人と関わる機会や，指導を受ける場面をつくることが大切になります。様々な立場の人との関わりは，部下の視野を広げます。

部下へのアドバイス例

　リーダーは部下と他部署の専門性の高い人との関わりをつくったり，プロジェクトチームに参加させたりしてみましょう。営業などでは勉強のために同行する機会をつくることもおススメです。

以上 5 点の要素がバランスよく備わると，逆境のときでも強いレジリエンス力を発揮できるようになります[16]。

3．コミュニケーションを図ることに貪欲になる

　山中氏は神戸大学医学部の同級生であり，小児科医で小児の脳科学者でもある成田奈緒子氏との共著で，子育てを語る本を執筆しています。著書『山中教授，同級生の小児脳科学者と子育てを語る』(講談社) では，様々なコミュニケーションや人との関わり方が語られています。

　言葉の誤解というのは，そこに感情が滑り込んでいることがほとんどです。そのため，山中氏は必死になって相手のこころを読むことに注意をはらいコミュニケーションをとっているのです[17]。コミュニケーションでは，相手に伝わらなかった場合，理解できないほうが悪いと判断してしまうと自分自身が進歩しなくなってしまう。だから，もし相手に伝わらなかったとしたら，それは自分が悪いと思うようにしているのです[18]。

　山中氏は同僚や部下だけではなく誰を前にしても，対等な関係として捉えることが大切だと考えています。今は研究者同士の連携に加え，研究者を支えるスタッフとのチームプレーも重視しています。つまり，自分の専門外の人との関わりも大切にしているのです。他部門の人と関わり，違う視点を取り入れることは，新たなアイディアが生まれることにもつながります。

　残念ながら人は自分視点になりがちで，つい「おいおい，お願いだからわかってくれよ」と，相手の問題であると寄りかかってしまいがちですが，それは甘えといえるでしょう[19]。仮に，相手が強く主張するときに自分が反対意見だったとしても，まずは「なるほどね。そういうふうにも考えられるね」と，ロジカルな部分に共感する力が大切です。こちらが共感すれば，相手も気持ちを寄せてくれる場面が増えます。それがないとチームはうまくいきません。共感する力があればうまくいくのです[20]。

　共感力には他人の立場に立って物事を考える認知的共感と，他人の感情を自分のものとして捉える情動的共感があり，補足し合って共感機能を担っています[21]。**共感では相手の立場や感情を理解して共有します。それを言葉や態度に**

して伝えることがなにより大切です。

　山中氏は言ったつもり，わかったつもりが失敗を招くため，ポジティブなコミュニケーションが重要だと考えています。お互いをとことん称え合うことが秘訣です。心の中で感謝していても，やっぱり言葉にしないと伝わりません。そのため，研究所では普段から感謝を伝えるようにしています[22]。

　伝える力は相手を知ることからはじまります。こちらが相手を理解しようとする熱は相手に伝わるものです[23]。相手の視点に立つことは本当に大事であり，他者に対する興味が必要です。そこがないと外に向けて能動的には動けません[24]。

　山中氏は米国のグラッドストーン研究所に留学経験があり，共著者の成田氏は米国のセントルイスワシントン大学への留学経験があります。そのとき，日本人の研究者は自分の持ち場から離れず，米国の研究者からは「日本人はずっと同じところにいるね」「自分の研究しか興味ないよね」と評価されます[25]。たしかに業務において自分の専門分野を見るだけでは，新しい知見が得られません。他者，他部門の業務，他の専門分野を知ることで，異なる視点に気づくことができます。これはアイディアの創出やコミュニケーションにも貢献するでしょう。

　もう1つ重要な力は，自分で考える力です。研究は何かを見つけるためにやるけれど，その途中では問いを立てる力，自分で考える力が求められます。研究では自分からなんでも見てやろうという姿勢が必要なのです。知識を吸収する力も大事だけれど，その知識を使って何をするか，何を想像するかが欠かせないのです[26]。

　コミュニケーションは生きものです。価値観や先入観，好き嫌いの感情が意思伝達に影響します。生きてきた環境や立場により，同じ状況にいても見えるものやイメージは変わります。リーダーは部下の立場を理解して共感を示し，部下の目線をイメージしてポジティブに対応することが求められるのです。そして部下が広い視野をもち，自分で考える力を備えられるよう促す必要があるでしょう。

4．心に残る贈られた言葉，人を叱るときの４つの心得

　平尾誠二氏は山中氏にとって特別な存在です。２人は深い絆でつながっていることを山中氏と平尾夫妻の共著『友情』（講談社）で記しています。平尾氏はラグビーワールドカップ元日本代表であり，神戸製鋼が日本選手権７連覇の偉業を成し遂げた際の立役者として活躍後，ラグビーワールドカップ1999で日本代表監督を務め，2016年に癌のため永眠しています。日本のラグビー界を牽引したスーパースターです。

　筆者は1990年１月15日に国立競技場で行われた第27回日本ラグビーフットボール選手権大会，神戸製鋼対早稲田大学の試合を観戦しています。遠く観客席からみてもオーラが輝く神戸製鋼のスーパースター平尾誠二が，赤のジャージを着て華麗なステップを踏む姿を今でも鮮明に覚えています。

　山中氏が平尾氏に部下との接し方の悩みを漏らすと，**平尾氏からリーダーの経験に基づいた「人を叱るときの４つの心得」を贈られました。この心得とは，①プレーは叱っても人格は責めない，②あとで必ずフォローする，③他人と比較しない，④長時間叱らない，の４つです。**

　これは山中氏が京都大学iPS細胞研究所というチームを率いるうえで，スタッフのモチベーションを高めるために一番支えにしている言葉です。モチベーションを高めて内発的に自分からやろうと思う集団にならないと，成果は出ないと考えているからです。ただし，これはいまだに実践できないことであり，平尾氏の境地に達するまでには，まだまだ時間がかかるだろうとの思いを語っています。この４つの心得は，平尾氏の冥福を祈り開かれた感謝の集いにおいて，山中氏の弔辞でも触れられています[27]。

　平尾氏によると「チームワークは助け合いだと思う人が多いが，チームワークはもっと凄まじいものなのです。一番素晴らしいチームワークは，個人が責任を果たすことであり，その意識がないと本当の意味でのいいチームはできません[28]」つまり仲間や組織が最大の能力を発揮するためには，自分の能力を最大限高めて自己の責任を果たすべきだということです。

　４つの心得は意思伝達マネジメントにおいても欠かせない行動指針と言える

でしょう。これは部下のモチベーションを高めながら指導をするためにも，重要な要素となります。

5．根拠に基づく医療＝EBMをビジネスで活用する

　EBMとはEvidence-Based Medicineの略称で，エビデンス（根拠）に基づく医療を意味します。近年，経験のみに頼らないEBMの進展が注目されています。ここでは事実を正しく捉えることが重要視されます。アサーティブコミュニケーションも同様に事実の表現が求められます。人は事実を受け入れることはできても，感情や感覚で曖昧に捉えた言葉は感情的に捉えてしまいます。良好な関係性において人の感情を理解することは大切ですが，業務では根拠に基づいた合理的な判断が必要なのです。

　EBMは1991年に提唱されます。人の病原や病態を理解し，病気の診断，治療，予防の方法の改善をめざす臨床研究は，以前に増して重視されています。疫学や統計学を使った臨床研究や，基礎研究の成果を実用化に結びつける橋渡し研究の重要性が高まっています[29]。

　仮に医師が経験や勘，権威者が推奨する科学的に証明されていない方法から治療方法を選択したとします。その場合，効果が期待できないことがあります。場合によっては患者さんにとって悪影響を及ぼすことがあるかもしれません。そのようなことが起きないよう，医師はEBMに従い具体的なデータや客観的な結果が出ている方法など，信頼でき根拠がある治療方法を選択するのです[30]。もちろん経験は重要です。エビデンスを踏まえた経験値の高い医師の診断力は信頼できます。

　例えば，治療では過去の例だけではなく，文献の確認，科学的な根拠に基づいたガイドラインや研究データを用いて信頼性を検証します。そのうえで患者さんのおかれている環境，医師の知識と経験から最善と思われる方法を選択し，患者さんに説明したうえで治療をはじめます[31]。

　ビジネスでも同じプロセスが求められます。過去の経験や勘・直感は，スピードが必要な意思決定において欠かせません。人間の脳も最短で回答を導く時，経験と勘・直感を主軸に判断をくだします。これをヒューリスティック（ま

たは，ヒューリスティクス）といいます（この件については，第3章のメソッド編（104頁～）でお伝えします）。

　経験値の高いリーダーの判断は適切なものでしょう。それでも過去の経験が今でも適応するとは限りません。これは経験や勘・直感を否定することではありません。**重要なことは事実を正確に捉え，感覚や感情，思い込みを排除することです。選択において偏った情報で判断せず，信頼できるか否かを科学的根拠に基づいて判断することが必要なのです。**そのプロセスを踏むことが信頼につながります。リーダーの経験だけに頼った判断で部下の考えを否定することは，新しいアイディアを損なう可能性があるのです。

　山中氏は「先入観を排除し，過去の慣習や前例を疑ったほうがいい場面はこれからもっと増えてくると考えています。もちろんいいものは残しつつだけれども，いろいろなことが通用しなくなる」と感じています[32]。

　アサーティブコミュニケーションにおいても事実を適切に把握し，先入観を捨てて過去の経験や慣習・勘ではなく，根拠に基づいた現段階での最善策を検討することが求められます。これらを念頭において表現することで，部下からの理解が得られやすくなるでしょう。

6．トップリーダー山中伸弥氏から学ぶコミュニケーションマネジメントのヒント

　山中伸弥氏のリーダーシップから学ぶコミュニケーションマネジメントのヒントをまとめます。

❶　レジリエンスを大切にする
　回復力を意味し，ピンチを乗り越える力である「レジリエンス」を磨きましょう。部下のレジリエンス力が高まれば，モチベーションを維持することができます。また困難な問題や危機的な状況に遭遇しても，部下はやり遂げることができるのです。

❷　コミュニケーションを図ることに貪欲になる
　言葉の誤解は，感情が原因となることが多くあります。こちらがロジカルな部

分に共感すれば，相手も気持ちを寄せてくれるものです。

　リーダーに共感する力があればチームはうまくいきます。そして伝える力を高めるためには，相手を知ることからはじめてみましょう。

❸　4つの心得を忘れず部下に向き合う

　山中氏が平尾氏から贈られた4つの心得は，部下と関わるための指針となります。部下指導での意思伝達マネジメントの参考にもなります。人を叱るときは，人格は責めない，あとでフォローする，他人と比較しない，長時間叱らない，の4つを心におきましょう。これらは部下のモチベーションを高めるためにも忘れずにいたいものです。

❹　過去の経験，慣習・勘，前例，常識を疑う

　過去の経験，慣習・勘，前例，常識は常に見直して考えましょう。リーダーは，勘や感覚，感情，思い込みをはずして，科学的な根拠に基づいた現段階での最善策を検討することをおススメします。今の最適解を合理的に考えてみましょう。

　事実の把握は意思伝達マネジメントでも重要な要素です。アサーティブコミュニケーションでは，まず事実を捉えて表現することが求められます。

ファーストステップ【メソッド編】

1.「伝えること」より「伝わること」―適切な意思伝達のためのマネジメントを探る

　部下を成長に導き効率的に業務をすすめるためには，部下への適切な意思伝達が不可欠です。チームや組織の考え，目指すべき目標，業務指示や指摘，日常的な情報など，リーダーが部下に対して的確に伝えなければ成果が出ないことを，みなさまは実感していると思います。また部下からのタイムリーな情報・報告を得るためには，部下が情報を提供・報告しやすい関係性の構築が不可欠と言えるでしょう。

　とは言うものの，自分の考えや会社の方針，指示などを適切に伝えることや情報収集は難しいものです。こちらが考えることやイメージすることと，部下の考えることやイメージすることは，立場や価値観，経験の違いから大きな差が生まれるからです。例えば，リーダーの言うことに対して部下は「はい！」と返事をするものの実際にはあまり理解しておらず，リーダーがやってほしいことを部下がやらない（やれない）話を耳にします。結果的に意思伝達がうまくいかず，意図した結果が得られなかった経験をおもちの方は多くいるでしょう。

　筆者は正確に伝える表現の難しさを痛感する研修に参加したことがあります。研修プログラムは「見たものをいかに正確に伝えられるか」についてスキルアップするための実践的な伝達トレーニングです。

　トレーニングでは**図表1-1**にあるような四角や三角，円が複雑に交差した図が描かれた画用紙が数種類用意されます。教員役1名は20名ほどの学生役に対して，その図を見せずに同じ図を描いてもらえるよう工夫して説明するのです。簡単なようですが，説明する人と聞き手が同じイメージを持つとは限りません。そのため，新人は3割程度の人にしか同じ図を描いてもらえず，苦戦していました。

【図表1‐1】 伝達トレーニング図

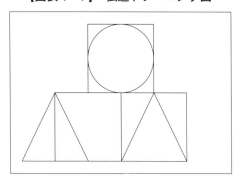

　このケースの場合，例えば，最初に「平面図です」から説明する必要があります。「正方形が３つあります」と伝えるだけでは，どのような大きさの正方形をどの位置に３つ書くべきか，その正方形は離れているのか接しているのか，人によってイメージが異なります。スタートがズレると，その後もズレてしまうのです。具体的で正確に伝えないと同じ図は書いてもらえません。みなさまならば，どのように説明しますか？　説明手順のリストをつくって試してみてください。

　コミュニケーションは，お互いの経験，思考，価値観，表現，時々の状況が影響します。そのため，いつでも同じやりとりができるとは限りません。**何よりコミュニケーションマネジメントで重要なことは「伝えること」ではなく「伝わること」です。**山中氏も研究について，どうやったら伝わるか，自分がやろうとしていることを理解してもらえるか，そればかりを考えて説明していることを語っています[33]。指示が正しく伝わらず理解されなければ，成果にも部下の成長にもつながりません。時間・コストなどの効率を考えた場合，リーダーはいかに短時間で適切な意思伝達ができるのかを考えなければならないでしょう。

2. 相手を尊重し，指示・意見・情報を提供するための アサーティブコミュニケーション

(1) アサーティブコミュニケーションとは

部下への情報提供・共有では，

＊上手に指導できるようになりたい。

＊もっとハッキリ言えたらいいのに…。

＊ついつい厳しく話してしまう。

＊攻撃的な言い方をやめたい。

＊相手の感情に流されてしまう。

＊もっと気持ちよく伝えたい。

＊言いたいことが伝わらない。

＊また言い過ぎてしまった…。

＊イイ人になろうとしてしまう。

＊忙しい時，皮肉っぽく言ってしまう。

これらの課題が多く聞かれます（**図表1-2**）。

　本章ではこれらの課題が解決できる，部下を尊重しながら指示・意見・情報を提供するためのメソッドとして，アサーティブコミュニケーションのDESC（ディスク）法をご説明します。

　アサーション（Assertion）とは，断定，断言，主張という意味をもちます。アサーティブコミュニケーションは，南アフリカの精神科医ウォルピ（Wolpe）やラザルス（Lazarus）によりに開発された行動療法のカウンセリング技法，アサーティブ・トレーニング（Assertive Training）が原型とされています。その後，このトレーニングは，アルバート＆エモンズ（Alberti&Emmons）によりコミュニケーション訓練法として広がりました[34]。

　アサーティブな自己表現では，自分の意見を無理やり押し通すことはせず，相手の気持ちを尊重しながら，自分の気持ちや意見を誠実に率直に，そして対等に表現します。公立メリーランド大学ボルチモア群（UMBC）の心理学研究者デルティ（Deluty）は「他者の権利を侵さず，直接的で敵意がなく威圧的

【図表1-2】　情報提供・共有での課題

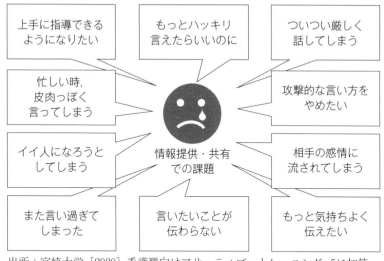

出所：宮崎大学［2020］看護職向けアサーティブ・トレーニングp.5に加筆

でない方法により，自分自身の考え，感情，信念，希望を表現すること」と，アサーションを定義しています[35]。

　アサーティブコミュニケーションのDESC法は，事実と感情を切りわけて相手の立場を配慮し，4段階にわけて表現して指示や指摘を行うのが特徴です。適切な表現を選択し適切な順番で話すため，部下やメンバーに言うべき内容や意見を受け入れてもらうことができるのです。

　事実を表現することは実際に難しく，表現には気持ちが入ってしまうものです。しかし，**事実と感情をわけて段階的に表現することで，仮に意見が対立している人とも互いに納得できる結論や解決策を導き出すことができるのです。**また建設的で相手と敵対しない会話により，情報収集がしやすくなります。

（2）　アサーティブコミュニケーションのメリット

　アサーティブコミュニケーションのメリットは，以下の4つがあげられます（**図表1-3**）。

【図表1-3】 アサーティブコミュニケーションのメリット

コミュニケーション能力の向上	業務の生産性の進展	仕事によるストレスの軽減	働きやすい環境の整備

① コミュニケーション能力の向上

　コミュニケーション能力とは，人々の相互の関係を成立・発展させるために，人間性が豊かで温かく人間に対する深い畏敬の念をもち，お互いの言動の意味と考えを認知・共感し，多様な人々の生活・文化を尊重するための知識・技術・態度で支援にあたることです[36]。つまり，**コミュニケーションの能力とは，単なる話す力ではないのです。**

　コミュニケーションは意見，希望，思考，信条を伝える手段です。だからこそ前向きなものでありたいものです。アサーティブな表現は，これを確実に実現できるため，コミュニケーション能力が向上するのです。相手もこちらの意図が理解しやすくなるでしょう。

② 業務の生産性の進展

　アサーティブコミュニケーションは，具体的で明確にものごとを伝えることができます。**仕事上であいまいになりがちな点をクリアにしつつ，具体的に業務に取り組める環境が整えられるのです。**その結果，業務効率が上がり，最終的には業務の生産性の向上につながります。

　アサーティブコミュニケーションは相互の意見交換が円滑に行われるため，組織での情報共有が活発になり，意思疎通の不足による業務上のミスや損失，トラブルが減少します。言った，言わないなど不明確な情報共有がないため，仮にトラブルが発生しても早い段階で対処できるようになります。リーダーにとっては大きなメリットと言えるでしょう[37]。

③　仕事によるストレスの軽減

　アサーティブな表現は4段階の主張により，**他人に配慮しすぎることなく自分の考えや意見，気持ちを率直に伝えることができます。**自分自身も伝えるべきことを伝えて納得しながら仕事を進められるため，ストレスを抱え込む状況が減ります[38]。多忙な業務をかかえるリーダーには，ありがたいメリットと言えるでしょう。

④　働きやすい環境の整備

　アサーティブコミュニケーションはメンバーや外部の方など，**様々な立場の人たちと良好な関係を築くことができます。**部下のモチベーションをあげることにもつながり，働きやすい環境を整えることができます[39]。

（3）　アサーティブなコミュニケーション力が低い場合のリスク

　アサーティブコミュニケーションはリーダーだけでなく誰もが心がけたい姿勢ですが，簡単にできるわけではありません。アサーティブなコミュニケーション力が低い人は残念ながら，威圧的・攻撃的もしくは非主張的な表現しかできません。そのため日常生活，仕事での対人関係にも影響を及ぼします。

　例えば，日常生活では言いたいことが言えない，伝えたいことが伝わらないことによるストレスが蓄積します。伝えても正しく伝わらず，誤解されると苛立つこともあります。頭ごなしに怒ってしまい雰囲気が悪くなり自己嫌悪に陥ることもあるでしょう。これらが原因で，コミュニケーションを取ることに消極的になることが起こり得るのです。

　業務では，情報の誤認や伝わっていないことによるインシデントやアクシデントに発展し，チームの不活性化につながります。パワハラがおき，不安などのネガティブな感情の惹起，ストレスやうつ症状もおきやすくなります。バーンアウト（燃え尽き症候群）も報告されています（**図表1-4**）[40]。これらは顧客にも悪影響を及ぼします。「こんなコミュニケーションではいけない」と感じながらも，修正が難しいリーダーは多くいるものです。

　アサーティブになりにくい人のパターンがいくつかあります。以下に例を示します[41]。

【図表1-4】 業務上でアサーティブコミュニケーション力が低い場合のリスク

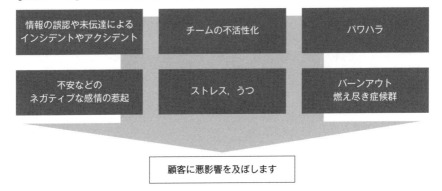

情報の誤認や未伝達による
インシデントやアクシデント

チームの不活性化

パワハラ

不安などの
ネガティブな感情の惹起

ストレス，うつ

バーンアウト
燃え尽き症候群

顧客に悪影響を及ぼします

アサーティブになりにくい人の例

■ 人の役に立ちたい気持ちが強い場合，自分を抑えて相手を優先させてしまうことがあります。

■ 常に共感的で優しい人間でありたいとの思いが強い人や，我慢が高じて攻撃的になってしまう人も，アサーティブになるのは難しいでしょう。

■ 専門性の高い人や立場や年齢の上の人に従順になりやすいタイプや多忙・不規則な勤務形態で自分に余裕がない場合も，アサーティブになりにくいと言えます。

3．あなたのコミュニケーションスタイル（自己表現）はどのタイプ？

　アサーションを紹介したウォルピは，人間関係における自己表現を3つのタイプに分類しています（**図表1-5**）[42]。リーダーのみなさまはどのタイプでしょうか？　日頃の自己表現を客観的に捉えて考えてみましょう。

（1）　Aggressive Type（アグレッシブタイプ）＝攻撃的自己表現

　アグレッシブタイプは自分の感情や欲求を優先します。そのため，**相手を考えないで自分のことだけを考えて表現し，自分の権利を追求してしまいます。**ドラえもんに登場するジャイアンがこのタイプです。このタイプは攻撃的であ

【図表1-5】　自己表現の3タイプと特徴

Aggressive 攻撃的自己表現	● 強がり，尊大，無頓着，他者否定的，操作的，自分本位，相手に指示，優越を誇る，支配的，一方的に主張する，責任転嫁
Non Assertive 非主張的自己表現	● 引っ込み思案，卑屈，消極的，自己否定的，依存的，他人本位，相手まかせ，承認を期待，服従的，黙る，弁解がましい
Assertive 主張と尊重の自己表現	● 正直，素直，積極的，自他尊重，自発的，自他調和，自他協力，自己選択で決める，対等，歩み寄り，柔軟に対応，自分の責任で行動

出所：平木［1993］pp.49-50

り，人間関係を勝ち負けで判断したり相手を見下したりすることで，自分が優位であることを示します。また嫌味を言ったりけなしたりして，相手を傷つける言動が多いのも特徴です[43]。

アグレッシブ・リーダーＡさんの例

　アグレッシブ・リーダーＡさんが，多忙な中で部下から提案書のチェックを依頼されたとしましょう。アグレッシブ・リーダーＡさんは攻撃的なため「あなたは私が忙しいのが見てわからないのか？　いま私にチェックができるわけがないだろう。ムリだから後にしてくれ！」と，部下を突き放してしまいます。

アグレッシブ・リーダーＢさんの例

　アグレッシブ・リーダーＢさんは，攻撃性を隠してきつい言い方をせず，あ

えて相手を褒めて自分の思うままにコントロールします。

　アグレッシブ・リーダーBさんは，表立ったことを荒立てたりしないで周り
にわからないように仕返しをします。周囲の人間を利用し相手に罪の意識をも
たせるため，周りは傷つくけれども証拠がなく，責められないようにするなど，
計算高い用意周到なタイプがいます[44]。

（2）　Non Assertive Type（ノンアサーティブタイプ）＝非主張的　　自己表現

　ノンアサーティブタイプは**自分よりも他者を常に優先し，自分の感情や欲求
を後回ししてしまいます。**そのため，結果として相手の言いなりになってしま
います。相手は大切にしますが，自分の意見を言えないのが特徴です。相手の
ことを気にしすぎて自分の思いを伝えられない非主張型であり，ドラえもんに
登場するのび太がこのタイプです。

　ノンアサーティブタイプは，自己犠牲的で踏みにじられても我慢してしまい
ます。また自分が我慢すれば良いと感じたり，自分で選択・決定できなかった
りする人が多くいます。自分を常に卑下していますし，人と対立することを極
力避けます。責任逃れをする人もいます[45]。

ノンアサーティブ・リーダーの例

　多忙な中で部下から書類のチェックを依頼された場合，ノンアサーティブ・
リーダーは正しく断ることができません。自分の業務が立て込んでいても「わ
かりました。後で見るからデスクに置いておいてくれる？」と伝え，仕事を抱

え込みます。しかし，チェックができずに放置してしまいます。

（3）　Assertive Type（アサーティブタイプ）＝主張と尊重の自己表現

　ビジネスリーダーが目指すべきタイプはアサーティブタイプです。**自分のことを考え他者を配慮し尊重しながらも全体を考えて，伝えるべきことを伝える表現を知っている人です。**ドラえもんに登場するしずかちゃんがこのタイプです。

　アサーティブタイプは，積極的に共感的理解の態度で耳を傾け，言語（言葉自体）と非言語（表情や態度，イントネーション・言葉の抑揚など）を一致させて，伝わりやすいコミュニケーションを実践します。また合理的ではない要求は適切に拒絶します。

アサーティブ・リーダーの例

　アサーティブ・リーダーが多忙な中で部下から書類のチェックを依頼された場合は，どのように対応するでしょうか。

　アサーティブ・リーダーは「提案書の作成お疲れ様。（書類を見ながら）これは大作だね。大変だったでしょう。せっかくできたのに申し訳ない。今，私は今日中に解決しなければならない案件があり，チェックをする時間がありません。この提案書の納期はいつですか？　明日の午前中でも間に合うようなら，明日朝一番に確認します。どうでしょう？」と，ねぎらいの言葉を忘れず，事実と具体案を適切に伝えるでしょう。

4．アサーティブな表現を目指す

　アサーティブな会話とは相手の話を正しく聞いて，自分の思いを素直に伝えるコミュニケーションです。お互いに正直な思いを表現し合うため，時には意見がぶつかることもあるでしょう。だからと言って，それを避けるために主張しないで相手に従ったり，逆に攻撃的になって相手を威圧して従わせたりするのは大問題です。

　アサーティブコミュニケーションは権力，役割，年齢，地位などを無意識に乱用するハラスメントや企業のコンプライアンス違反など，攻撃的言動への予防，教育，訓練に役立ちます。課題達成優位の社会環境を背景とした上司からの無意識の攻撃的言動，命令する役割と機能をはき違えるリーダー，地位や権力を乱用するマネジャーなどは，組織の大きな障害になります[46]。

　2022年4月より大企業だけでなく中小企業においても「改正労働施策総合推進法（いわゆるパワハラ防止法）」が施行され，パワーハラスメントの防止策を講じることが義務化されました。今時「知らなかった…そんなつもりはなかった…」では済まされません。時代を反映しているのか，筆者にはパワハラ・モラハラ防止のためのコミュニケーションマネジメントの講演依頼が多くなりました。

　ハラスメントを防止することはメンバーや組織への悪影響を防ぐと共に，誰もが働きやすい環境をつくることにつながります。メンバーの能力を最大限に活用して常に組織を最適化するためにも，時代，意識，環境の変化を見逃さないためにも，アサーティブコミュニケーション力の向上はリーダーの役に立つでしょう。

　ただし企業は競争や常に課題を達成し成果をあげることが求められるため，アサーティブコミュニケーションが意見を通すスキルだと誤解されることがあります。自分を抑えることで業務がスムーズに進むと考え，あえて非主張的に表現することも耳にします。これらを避けるため，アサーティブコミュニケーションを正しく使いこなせるように理解を深めてもらいたいです[47]。

5．お互いの感情に流されず，相手に理解してもらうためのDESC法

　DESC法はスタンフォード大学の名誉教授であり，認知心理学者のゴードン・ハワード・バウアー（Bower, G.H.）が提唱した主張法で，4段階に分けることにより穏やかに主張していくメソッドです。アサーティブコミュニケーションを正しく使うために段階化させたもので，当てはめれば適切な自己主張ができるようになります（**図表1-6**）。

　DESC法は他者との葛藤や問題解決の場面において，アサーティブに話し合いを進めるためのステップとして効果を発揮します。この活用は自己表現を客観的にみることができ，状況や自分の気持ちを整理したうえで行動することができます。教育，産業，司法，医療の領域でも多く使われています。

　DESC法は，Describe（ディスクライブ：描写する），Explain・Empathize（エクスプレイン・エンファサイズ：表現する・共感する），Suggest・Specify（サジェスト・スペシファイ：提案する・明示する），Choose・Consequences（チューズ・コンシークエンス：選択する・結果を示す），この4段階で適切に表現することにより，感情に流されず冷静に意思伝達ができる効果的な手法です。

【図表1-6】　DESC法

DESC法		
D Discribe（描写する）	見たこと・聞いたこと（事実）を伝える	客観的な事実・状況を確認します
E Explain（表現する）Empathize（共感する）	感じたことを伝える	主観的な考えや気持ちを含めます
S Suggest（提案する）Specify（明示する）	提案する	的を絞って具体的に伝えます
C Choose（選択する）Consequences（結果を示す）	断られた時の対応	代案・折衷案を用意しておきます

出所：Sharon［1991］，宮崎大学［2020］を筆者が加筆修正

6．DESC法のポイントと表現例

　それでは3パターンの例を参考にしながら，表現について具体的にご説明しましょう。

　パターン①：待ち合わせに遅刻する部下佐藤さんへの指導の場合

　パターン②：X社への提案書作成が遅れている後輩鈴木さんへの指導の場合

　パターン③：メンバー高橋さんとの業務すり合わせ調整が遅れている場合

（1）【第1段階】Discribe（描写する）

【ポイント】

■　今解決したい問題について，客観的事実は明確に具体的に示しましょう。事実のみを伝え，自分が対応しようとする状況や相手の行動を客観的に表現します[48]。

■　推測や自分の考え，自分の感情・気持ち，意見等は入れません。推測が加わった場合，正しい情報が伝わりにくくなります[49]。

■　トップリーダー編（13頁）で示したEBMでも根拠に基づいて事実を正しく捉えることが重視されています。

Discribeの表現例
パターン①：佐藤さん，待ち合わせ時間に10分遅刻していますよ。
パターン②：鈴木さん，今日が締め切りのX社に提出する提案書はまだ出されていないよね。
パターン③：高橋さん，まだすり合わせの時間調整ができていないよね。

（2）【第2段階】Explain, Empathize（表現する，共感する）

【ポイント】

■　第1段階のDescribeでは事実から伝えましたが，第2段階のExplain, Empathizeでは伝えた内容に対する主観的な感情・気持ちを冷静に明確に表現します[50]。

■　相手の気持ちへの共感を表しましょう。ここではあくまで自分の気持ちや

感情を素直に言葉にする必要があります。

■ 事実と論点がずれたり，攻撃的になったりしないように注意する必要があります[51]。

■ 私を主語にしたＩメッセージを使うと効果的です（本章7項（4）（32頁）参照）。

■ 山中氏も共感する力の重要性を指摘しています。

Explain，Empathizeの表現例
パターン①：（私は）佐藤さんが事故にあったとか，病気になったのかと心配しましたよ。
パターン②：鈴木さんが先ほどからバタバタと忙しそうなので，（私は）少し気になっていたんです。
パターン③：すり合わせをしないと高橋さんの業務が二度手間になる可能性があります。それでは申し訳ないので，（私は）心配しています。

（3）【第3段階】Suggest, Specify（提案する，明示する）

【ポイント】

■ 相手が望む行動や妥協案，解決策，代替案などを提案し，相手に承諾してほしいこと，対応してほしいことを伝えます[52]。

■ 具体的，現実的で実行可能な小さな変化で済む提案を考えてみましょう。

■ これは提案であり命令や強制ではありません[53]。

Suggest, Specifyの表現例
パターン①：佐藤さん，遅れる時は約束の時間前にどれぐらい遅れそうか教えてもらえますか？
パターン②：進捗状況を確認したいので，いまできている所だけでも提案書を見せてもらえますか？
パターン③：先延ばしすることで仕事に影響がでないよう，いまスケジュールの確認ができますか？

（4）【第4段階】Choose, Consequences（選択する，結果を示す）

【ポイント】

■ 示した提案に対して，必ずしもYesが返ってくるとは限りません。肯定的，否定的な返事を想定し，あらかじめどう対応するかを考えておきます[54]。

■ Noの返事があった時，非難ではなく次にどんな対応が効率的なのか，どんな代替案・折衷案なら前進するのか，あらかじめ選択肢を示しましょう。

Choose，Consequencesの表現例

【Yesの場合】

パターン①：先に連絡をもらっていれば，佐藤さんを待っている間，心配しなくてよいし，わたしは他の仕事をしながら時間調整できます。

パターン②：現段階でできている所を先にチェックしておけば，見落としている視点が見つかって，鈴木さんもやりやすくなりますよね。

パターン③：いまスケジュールを調整しておけば、他のスケジュールも組みやすいですよね。

【Noの場合】

パターン③：それでは高橋さんは今日の何時ならスケジュール確認できますか？今日中にすり合わせの日程を調整したいと思います。

7．正しい承認・評価の表現─単純に褒めれば良いわけではありません

DESC法の活用では，正しい承認と正当な評価の表現が求められます。承認は部下のモチベーションアップに影響するからです。ではどんな点に注意して表現すればよいでしょうか？　表現法のポイントをご紹介します。

（1）具体的に評価を表現する

【ポイント】

■ 承認を表現する場合は，本人が何を評価してもらったのか理解するため，何がどのように良かったのか具体的に伝えます。

■ 評価は過剰でなく，正当な評価が必要です。部下自ら考え修正するためには，何が良くて何が課題なのか，認識する必要があります。

表現例

【NG】⚠
さっきのやつ良かったね。すごいね。
【GOOD】👍
今日のミーティングでは，適切に議事の進行をして，みんなが発言できるよう工夫して投げかけてくれて，本当に良かったですよ。

（2）　他の人と比較しない（絶対評価）

【ポイント】
■ 承認は人との比較ではなく，何が評価に値するのか絶対評価で表現します。
■ 具体的な評価は，部下が何を改善し何を継続すればよいか理解できます。

表現例

【NG】⚠
あの人よりも，あなたは仕事がはやいね。
【GOOD】👍
あなたは手際が良くて，判断がはやくて，よく動いてくれるから，いつも助かるよ。

（3）　評価と指摘・注意を同時にしない

【ポイント】
■ 評価の際，良い指摘の後にそのまま注意を続けると，評価されたことのインパクトが薄まり，承認欲求が満タンになりません。
■ 良い評価は良い評価，指摘・注意は分けて伝えましょう。
■ 指摘や批判は受け入れてもらう必要があり，その伝え方は重要です。本章トップリーダー編4項（12頁）で示した，山中氏が平尾氏から教えてもらった「人を叱るときの4つの心得」は，とても参考になります。

表現例

【NG】⚠️
今日のカンファレンスでのプレゼンは良かったけど，もっと大きな声で言わないとね。

【GOOD】👍
今日のカンファレンスでのプレゼンは，事前の情報収集がしっかりできていて，皆さんが理解できました。現状の課題も明確でした。その点は素晴らしいですね。今後の課題は，もっと大きな声で話せると，より聞きやすくてよくなりますよ。

（4）　インパクトのあるⅠ・Weメッセージを活用する

【ポイント】

■　Ⅰメッセージは私を主語にした表現であり，Weメッセージは私たちを主語に，Youメッセージはあなたを主語にしたメッセージです。

■　いつもみなさまは「（あなたは）いつもがんばってるね」などYouメッセージを使って部下やメンバーを承認していると思います。Youメッセージは大切ですが，プラスでⅠメッセージ，Weメッセージを加えればより相手の心に届く表現になります。

　例えば，何かを指示・指摘・要求するとき「○○してくれると（私は）助かる，ありがたい」「○○されると（私は）とてもつらい，残念だ」というように，私を主語にしたⅠメッセージは，相手の心にスッと入りインパクトが大きくなることが研究で示されています。

■　「あなたのお陰で，うちの課（私たち）の雰囲気が良くなった」などのWeメッセージは充実感を与え，達成感を感じることができます。これはセカンドステップのコーチングでも活用されます。

表現例

ねぎらいの言葉をかける場合
【Youメッセージ】
いつもがんばっているね。　＊頑張っているのは部下・メンバー（You）
　　　　……YouメッセージにプラスⅠ（We）メッセージ……
【Ⅰメッセージ】👍
あなたが頑張ってくれるお陰で，私はとても助かります。　＊助かるのは私（I）

【Weメッセージ】👍
あなたの頑張りは，わが社に貢献してくれます。　＊助かるのは会社（We）

仕事の依頼をする場合
【Ｉメッセージ】👍
この書類を明日までに作成して提出してくれると，私はとても助かります。
＊助かるのは私（I）

　コミュニケーションは思考の交換，感情の伝達であり，単なる言葉のやりとりではありません。リーダーの人間性・思考が表現に反映します。そのため，単純にコミュニケーションマネジメントのメソッドを理解すれば，マネジメント力が向上するとは限りません。ただしメソッドを知らなければ相手に意図が伝わらなくなり，効率が下がってしまうでしょう。相手に伝わらなければ行動にはつながらず，残念ながら部下との良好な関係性は得られません。

　相手の視点に立って伝わる言葉，指示を受け入れてもらえる誤解の生じない表現を身に付けることは，意思伝達力を高め，部下を成長に導く近道なのです。

8．感情的にさせないための指摘・注意の仕方（事前準備）

　部下への指示や指摘・注意では，本題に入る前に耳を傾けてもらうための体制を先に整えること（事前準備）が効果的です。部下であっても言葉遣いに注意し，礼儀やタイミングを考えて指摘・注意しましょう。

（1）　2段階の事前準備

【事前準備①Ready（準備）】
　まずは聞いてもらえる体制を整えましょう。いきなり話しはじめると感情的になる場合があります。耳を傾けてもらうための用意をしましょう。
【事前準備②Acknowledge（承認）】
　先に部下を認めている部分を表現して，相手を尊重します。

表現例

【事前準備①Ready】
佐藤さんに聞いてもらいたいことがあります。忙しいと思いますが，いま時間を
もらえますか？
【事前準備②Acknowledge】
佐藤さんはいつも仕事が丁寧なので，私はとても助かっています。ありがとうご
ざいます。

（2）　曖昧な言葉は避けて，客観的事実を示す

【ポイント】

- 指摘時に少し感情的になってしまう表現の１つに，曖昧な言葉があります。
- いつも間違えるけれど…また同じミスをしているね…みんなが言ってたけ
  ど…きちんと提出してください…など，いつも，また，みんなが，きちん
  と…という表現は客観的事実ではありません。
- 曖昧な言葉は，相手を感情的にさせて正しく意図が伝わりません。また決
  めつけは気持ちがよくありません。

表現例

【NGな感情表現】⚠
いつも君はミスがあるね。
【GOODな事実表現】👍
昨日作成した見積書の金額が間違っていたけれど，この書類も誤字・脱字がある
ね。もう一度，確認してから提出してもらえますか？

【NGな感情表現】⚠
提出期限はきちんと守ってください。
【GOODな事実表現】👍
報告書を明日17時までに私のところに提出してください。報告書はA４用紙１枚程
度にまとめたものをプリントアウトして私に出してください。

（3）　どうしてほしいのか，具体的かつ率直・簡潔に伝える

【ポイント】

- 部下に対して，こんなことは言わなくてもわかるだろう，次に何をするべ

きか自分で考えるべきだ，と思うのはよくあることです。

■　実はわかっていないのに，そのまま業務を遂行させることは非効率的であり時間の無駄です。

■　指摘・注意は，具体的に今後どうしてほしいのか簡潔に伝えましょう。

表現例

【NGな曖昧表現】⚠

今度は<u>ちゃんと</u>してください。

【GOODな具体的表現】👍

次回はわからないことがあったらそのまま進めず，都度相談してください。もちろん，私も最初に説明するように注意します。

【NGな曖昧表現】⚠

これ<u>しっかりやってね</u>。迷惑かけないように。

【GOODな具体的表現】👍

このデータを店舗マーケティングの施策検討につかうため，こちらのデータ同様に顧客分析できるように作成してください。期限は今週金曜日の午後の業務開始までです。来週末のミーティングで使います。不明な点があったら相談してください。

9．ケーススタディ

　DESC法を使って5つのケースを参考に，部下への指導表現を考えてみましょう。部下がモチベーションを高くもって前進するための表現を心がけます。

　なおDESC法の前には事前準備を必ず表現します。まずは，聞いてもらえる体制を整え，承認も忘れずに伝えましょう。

【CASE 1】　部下佐藤さんへのミスに対する指摘・注意

部下の佐藤さんは最近ミスが多く，顧客や他部署への書類提出が遅れています。どのように指摘・注意したら気持ちよく受け入れてくれるでしょうか？

【ポイント】

指摘・注意では，評価されていないと感じるケースが多く，ネガティブな気持ちになります。部下のモチベーションを保ち前向きに指摘・注意を引き受けてもらうため，評価する点は適切に伝える等，部下への配慮が必要です。

【事前準備①】 Ready 準備する・聞いて もらえる体制を整 える	【ポイント】 まずは部下に聞いてもらえる体制を整えます。いきなり話を始めると，感情的になりがちです。部下が素直に耳を傾けるための用意は欠かせません。
	【リーダーの表現】 佐藤さんに相談したいことがあるのだけど，大切なことだから聞いてもらえますか？　いま時間はありますか？
【事前準備②】 Acknowledge 承認する	【ポイント】 部下の良い点を表現し，相手のことを尊重します。
	【リーダーの表現】 佐藤さんは，仕事がはやいし，些細なことでも一生懸命取り組んでくれるから，私はいつも助かっています。
【第1段階】 Discribe 事実を描写する	【ポイント】 DESC法を活用して本題に入ります。ここでは先に問題点の事実だけを適切に伝えます。 人間性は否定せず，間違っている行動に対して建設的に指摘します。感情表現は避けて，事実を正確に伝えます。
	【リーダーの表現】 今月初めのX社への見積書提出が期限から1日遅れましたよね。 今回，Y社の書類は明日が締め切りだけど，まだ確認できてないね。先月からミスがあり，修正に時間がかかっているため，仕事が滞っているね。 何か問題が起きているのかな？　お客様にも迷惑がかかっていますね。
【第2段階】 Explain, Empathize 主観的な気持ちを 表現・共感する	【ポイント】 自分の気持ちを添え，部下にすべて責任を押し付けるのではなく，マネジメントに関する自分の責任を認めます。
	【リーダーの表現】 私の説明が足りていなかったら申し訳ない。それに，あなたを信頼して期待しているので，このようなことで佐藤さんの評価が下がるのはもったいないし残念です。

【第3段階】 Suggest, Specify 提案する，明示する	【ポイント】 的を絞って，今後どうしてほしいか具体的に伝えます。
	【リーダーの表現】 明日締め切りのＹ社の書類の進捗状況はどうですか？　明日締め切りなので，明日の午前中までに私に提出してもらえますか。もし問題や不明な点があれば，今伝えてくれれば説明します。
【第4段階】 Choose, Consequences 選択する，結果を示す	【ポイント】 部下がYesというかはわかりません。できないこともあるでしょう。リスクを考え，先に代替案や折衷案を考えておく必要があります。
	【リーダーの表現】 別の仕事が終わらない場合でも，Ｙ社の提出書類を優先してください。今ある別の仕事は中村さんにお願いしてください。私からも中村さんに伝えてお願いしておきます。 必ずＹ社の提出書類を明日の午前中までに私に提出してください。また，今日業務終了前に進捗状況を報告してください。お願いします。

【CASE 2】　後輩鈴木さんへの緊急な仕事の依頼

あなたは後輩鈴木さんに対し，緊急に仕事の依頼をしなければなりません。納期は3日後です。後輩はどのように伝えることでモチベーションを保ちながら仕事を引き受けてくれるでしょうか？

【ポイント】
突然の依頼は，現在抱えている仕事の調整があり簡単なことではありません。依頼の時，配慮なく一方的に依頼をすると，相手は威圧を感じてしまいます。また，上司に振り回されている気持ちになり，ネガティブな思いを抱く可能性があります。依頼する仕事は引き受けるのが当たり前ではなく，相手に配慮した依頼を考えてみましょう。

【事前準備①】 Ready	【リーダーの表現】 急遽お願いしたいことがあるのだけど，いま時間をもらえますか？
【事前準備②】 Acknowledge	【リーダーの表現】 鈴木さんはミスがなくて配慮してくれるので，私は安心して仕事が任せられます。

【第1段階】 Discribe	**【リーダーの表現】** 緊急の仕事をお願いしたいのです。業務内容は，来週のマーケティング戦略会議で使用するための購買データの分析です。納期は2日間で，水曜日までです。今回，担当スタッフが急病で入院してしまい，緊急でうちの部が仕事を受けることになりました。
【第2段階】 Explain, Empathize	**【リーダーの表現】** 鈴木さんは別の仕事を抱えていて忙しく，2日間仕事がストップすると混乱すると思います。納期の短いデータ分析業務は負担がかかります。無理な仕事をお願いして申し訳なく思います。
【第3段階】 Suggest, Specify	**【リーダーの表現】** 部としては，この仕事を優先しなければなりません。いま，この分析を2日間でできるのは鈴木さんだけだと思っています。いま鈴木さんがやっている企画書作成の仕事は期限を延長してもらうか，他のスタッフに回すよう私からお願いしてみます。引き受けてくれませんか？
【第4段階】 Choose, Consequences	**【リーダーの表現：OKの場合】** 本当にありがとうございます。私はいつも助けてもらい感謝しています。この仕事を引き受けるにあたり，できる限りサポートをします。何が必要か言ってください。 **【リーダーの表現：NGの場合】** 今抱えている仕事が優先で引き受けるのは難しいのですね。わかりました。それでは，他の方法を検討します。部分的にサポートしてもらうことがあると思います。その時はよろしくお願いします。

【CASE 3】　部下高橋さんへの提案書修正を指示する

部下高橋さんに依頼したX社への提案書が提出されました。しかし，より良いものに仕上げて契約をとるために修正を指示したいと考えています。どのように依頼したら良いでしょうか？

【ポイント】
この場合，修正をポジティブに捉え，必要性を受け止めてもらう必要があります。また，実行するための現実的なサポートが必要です。

【事前準備①】 Ready	【リーダーの表現】 高橋さん，今朝提出してもらったX社への提案書について相談があるのですが，いま時間をもらえますか？
【事前準備②】 Acknowledge	【リーダーの表現】 高橋さんは担当企業の考え方を把握しているので，私はとても信頼しています。
【第1段階】 Discribe	【リーダーの表現】 X社への提案書ですが，プロモーションの提案について根拠がわからないので，資料に提案のプロセスや活用した理論を加えたほうが納得してもらえると思います。また，それにともなう効果の説明にもデータを加えたほうがより的確になります。
【第2段階】 Explain, Empathize	【リーダーの表現】 高橋さんはX社を理解しているし，X社のメリットを優先して考えてくれるので高橋さんなら指摘箇所の修正ができると思います。今回，競合しているY社に勝てる完璧な提案書を出して，契約をとりたいと思います。
【第3段階】 Suggest, Specify	【リーダーの表現】 修正に時間がかかるようであれば，明日までの納期を1日延長します。修正をお願いできますか？　他の業務がある場合は，スタッフの増員などサポートします。
【第4段階】 Choose, Consequences	【リーダーの表現：OKの場合】 引き受けてくれてありがとうございます。では，何かサポートは必要ですか？　具体的に言ってください。 【リーダーの表現：NGの場合】 修正を受け入れてもらうために必要な条件が他にあれば，言ってもらえますか？　できる限り要望に応えます。

【CASE 4】 年上部下中村さんへの依頼

自分より年上である部下中村さんに自分の代理を頼みたいと思います。急遽，明日の役員会議に自分が出席しなければならなくなり，予定していたX社とのミーティングに参加できなくなりました。快諾してもらうためには，どう伝えたら良いと考えますか？

【ポイント】
年上の部下への依頼は，気を遣うところです。また，突発的な依頼は業務への配慮を考える必要があります。中村さんに依頼する必要性＝評価を考えて依頼してみましょう。

【事前準備①】 Ready	【リーダーの表現】 中村さん，忙しいところ申し訳ありませんが，中村さんに大事な頼みがあります。いまご相談しても良いですか？
【事前準備②】 Acknowledge	【リーダーの表現】 中村さんはクライアントから信頼されていて，私は安心して仕事をお願いできます。いつも助かります。
【第1段階】 Discribe	【リーダーの表現】 明日，私は急遽役員会議に出席しなければならなくなり，予定していたX社との大切なミーティングに出られなくなりました。
【第2段階】 Explain, Empathize	【リーダーの表現】 忙しいところ急な依頼で申し訳ないのですが，X社は大事なクライアントです。中村さんであれば信頼ができ安心して任せられます。X社のミーティングに出てもらえますでしょうか？
【第3段階】 Suggest, Specify	【リーダーの表現】 いま，中村さんが抱えている業務は，田中さんに代行してもらえるよう私から依頼します。いかがでしょうか？
【第4段階】 Choose, Consequences	【リーダーの表現：OKの場合】 ありがとうございます。中村さんであればX社も安心できて，話が進むと思います。事前に打ち合わせが必要ですよね。では，必要事項があれば，具体的に言ってください。 【リーダーの表現：NGの場合】 代理を受け入れてもらうために必要な条件が他にあれば，言ってもらえますか？　できる限り要望に応えます。

【CASE 5】　渡辺さんに対する部内からのクレーム伝達

部署内メンバーから，渡辺さんの問題行動について直接本人に伝えて改善してほしい旨の相談がありました。渡辺さんが担当している業務の遅れが重なって発生しており，部署内ではフォローによる負担が大きく，不満が出ています。どう伝えたらよいでしょうか？

【ポイント】
渡辺さんには業務の遅れが重なっている点，フォローしてくれる他メンバーのことを考えて業務を執り行う必要がある点を伝え，改善してもらうよう指導する必要があります。部署内メンバーの協力関係を保ちつつ，本人がモチベーションを保って改善してもらえるよう伝える必要があります。

【事前準備①】 Ready	【リーダーの表現】 渡辺さん，忙しいところ申し訳ありませんが，相談があります。いま時間をもらえますか？
【事前準備②】 Acknowledge	【リーダーの表現】 渡辺さんは常に慎重に仕事を進めているので，私はとても感謝しています。
【第1段階】 Discribe	【リーダーの表現】 実は，部署内メンバーから渡辺さんの担当業務が遅れてしまい，その遅れのため次の段階でフォローが必要になり，負担がかかっているとの声が出ています。
【第2段階】 Explain, Empathize	【リーダーの表現】 渡辺さんは仕事に慎重で丁寧なので，その点は信頼しているのですが，そのため遅れが出て心配しています。次の段階に関わる人達との関係性も大切にしてほしいと思います。
【第3段階】 Suggest, Specify	【リーダーの表現】 渡辺さんには，チームの人の負担を理解してもらい，協力して業務をすすめてもらいたいと思います。そのため，遅れの原因を考えて，具体的な改善策を検討してもらいたいのです。今週金曜日までにレポートを提出してください。お願いできますか？
【第4段階】 Choose, Consequences	【リーダーの表現】 改善できれば効率的に業務ができて，チーム力も上がると思います。それは良い結果につながり，評価も上がります。

　アサーティブになるためには，ものごとの見方や考え方を柔軟にする必要があります。これによりネガティブな気持ちや行動を減らすことができるようになります。**怒りの感情であっても相手を責めずに，事実を言葉にすることが大切です。事実の表現と相手への敬意があれば，相手は耳を傾けてくれるでしょう。**

10．適切な意思伝達マネジメント力を高める極意

　アサーションは尊重され大切にされる権利，頼まれたことを断る権利，欲しいものを要求する権利，自分の行動を決める権利をもちます。ものの見方・考え方が人の感情や自己表現にどのような影響を及ぼすのかを理解し，適切な意思伝達法を身に付ける必要があるでしょう[55]。

　部下への正しい意思伝達マネジメントでは，以下のポイントを念頭におくことをおススメします。

❶　伝えることではなく，伝わらなければ意味がない

　伝えることではなく，伝わることを第1に考えてコミュニケーションをとってみましょう。部下に理解されることが，正しい行動に移す近道です。

❷　アサーティブな自己表現を心がける

　部下への指導・指示では相手の立場を配慮して，アサーティブな自己表現を心がけてみましょう。部下を尊重する表現によって，部下は聞く耳をもつことができ，指導を受け入れてくれるようになります。

❸　DESC法で部下のモチベーションをアップする

　アサーティブコミュニケーションを段階化させたDESC法の活用は業務の生産性を高め，仕事によるストレスを軽減し，働きやすい環境を整えることができます。部下のモチベーションアップにもつながります。部下が気持ちよく業務をこなし，リーダーが効率よく仕事を進められる効果的な手法です。

❹　DESC法をはじめる前に，聞いてもらえる体制を整える

　まずは話を聞いてもらえる体制を整え，建設的な会話を心がけます。そのうえで正しく部下を承認・評価し，感情的にさせないための指摘・注意の仕方などを考慮して指導してみましょう。

❺　<u>DESC法を正しく活用する</u>

順序良く表現することで，相手に配慮した表現を実現できます。

D　【Discribe：描写する】

　客観的事実を明確に具体的に示します。

E　【Explain：表現する，Empathize：共感する】

　主観的な感情・気持ちを明確に表現して説明します。また共感も表現しましょう。

S　【Suggest：提案する，Specify：明示する】

　相手が望む行動や妥協案，解決策，代替案を命令ではなく提案として伝えてみましょう。

C　【Choose：選択する，Consequences：結果を示す】

　肯定的・否定的結果をあらかじめ考えておきましょう。

注　■————————

1　（山中・伊藤，2016，p.26）
2　（HBR420号，2013，p.51）
3　（J weekly，2018.6.29）
4　（京都大学iPS細胞研究所CiRA）
5　（京都大学メールマガジン号外）
6　（京都大学iPS細胞研究所CiRA）
7　（山中・稲盛，2017，p.19）
8　（山中・稲盛，2017，p.65）
9　（山中・成田，2021，p.158）
10　（山中・成田，2021，p.164）
11　（Spain & Woodruff，2023）
12　（野口・藤川，2022）
13　（Mayfield, J., & Mayfield, M., 2012）
14　（野口・藤川，2022）
15　（日経新聞 2012.10.10）
16　（野口・藤川，2022）
17　（山中・成田，2021，pp.184-185）
18　（山中・成田，2021，p.171）
19　（山中・成田，2021，p.172）
20　（山中・成田，2021，p.186）
21　（山口・宮本，2018）
22　（山中・成田，2021，p.77）
23　（山中・成田，2021，p.173）

24 （山中・成田，2021，p.37）

25 （山中・成田，2021，p.37）

26 （山中・成田，2021，pp.38-39）

27 （山中・平尾，2021，pp.169-170）

28 （山中・平尾，2021，p.174）

29 （京都大学125周年）

30 （MDV EBM insight）

31 （MDV EBM insight）

32 （山中・成田，2021，p.120）

33 （山中・伊藤，2016，p.55）

34 （平木，2020）

35 （渡辺・相川，2004）

36 （野末，2020）

37 （野末，2020）

38 （野末，2020）

39 （野末，2020）

40 （野末，2020）

41 （宮崎大学，2020）

42 （平木，2012，p.26）

43 （平木，1993，pp.35-39）

44 （平木，1993，pp.35-39）

45 （平木，1993，pp.28-34）

46 （平木，2020）

47 （内田，2020）

48 （野末，2020）

49 （Bower, S.A., & Bower, G.H., 2004）

50 （野末，2020）

51 （Bower, S.A., & Bower, G.H., 2004）

52 （野末，2020）

53 （Bower, S.A., & Bower, G.H., 2004）

54 （野末，2020）

55 （野末，2020）

[SECOND STEP] 部下の自発性を高め，目標達成に導くためのマネジメント
―森保一氏のリーダーシップ＆コーチング理論GROWモデル―

SECOND STEP
目標達成マネジメント

セカンドステップでは，森保氏のリーダーシップとコーチング理論を通して，部下が目標を達成するための効果的なプロセスの導き方を修得します。

目標を達成するためには結果論ではなく，広い視野で導いた正しいプロセスが踏まれている必要があります。リーダーは，部下自身が解決のための資源を見出し，適切な行動に移せるように促す必要があります。

トップリーダー編では，サッカーワールドカップカタール大会日本代表監督の森保一氏にフォーカスします。森保氏は選手に質問を投げかけ，質問によって問題を想起させ選手自身が考えて目標を達成できるように指導しています。これはリーダーに欠かせないスキルです。

リーダーはチームとのネットワークはもとより，組織横断的にも人々とうまく仕事をする必要があります。その際，重要なのは対人スキルです。この対人スキルでは優れた質問を投げかけ，相手の話を聞いて気持ちを汲み取り，力づけることが求められます。このスキルは部下たちの知恵，洞察，創造性を引き出し，みんなで問題を解決し，心理的安全性を保つことにつながります[1]。トップリーダー編では，森保氏から汲むことができるリーダーシップのヒントを探っていきます。

メソッド編では，リーダーの適切な質問によって部下が複数の視点をもち，答えを導き出すためのコーチング理論をお伝えします。部下が自立して目標を達成するためには，教えるマネジメントスタイルから，部下自身が考えて答えをだすマネジメントスタイルへのパラダイムシフトを図る必要があります。

　セカンドステップを身に付ければ，部下はモチベーションを高め，目標達成を成し遂げられるようになるでしょう。

【セカンドステップでフォーカスするトップリーダーとメソッド】

トップリーダー編		メソッド編
森保一氏 サッカー W杯2022では強豪国に勝利し 予選首位突破に導いた日本代表監督		目標達成マネジメント能力 解決のための資源を見出し，行動を促す コーチング理論　GROWモデル

【セカンドステップであなたができるようになること】

■　部下が現状と目標のギャップを理解し，どのようにその差を埋めるべきか，明確に考えられるよう，促すことができるようになります。

■　部下が目標を達成するために必要な手段とプロセスを，多方面から具体的に考えることができるよう，導くことができるようになります。

■　指示がなくても部下自らが考えて動けるよう，指導することができるようになります。

【こんなリーダーはいませんか？】

　あなたの周りにこのようなビジネスリーダーはいないでしょうか？

■　部下に「これをやっておいて！　自分で考えればできるでしょ」と，命令だけして指示・指導をしない上司

■　目標達成にあたって方法や手順まですべて指示してしまい，後輩にアイディアを考えさせない先輩

■　新人に指示ばかりするため，経験を積んでも部下を指示待ち体質に育ててしまう上司

■　部下が前と同じことならばできるけれど，状況が変わるとできなくなるように育ててしまうリーダー

セカンドステップ【トップリーダー編】

　森保一氏の選手を信じる力とブレない姿勢は，多くのメディアが取り上げています。たびたび批判を受けながらも動じず目標にむかってひたすら進む姿勢は，サンフレッチェ広島の監督時代から変わらず貫いていることです。フランス全土で発刊されるスポーツ新聞『レキップ（L'Equipe）』は，サッカーワールドカップ（W杯）カタール大会2022の監督ランキングで森保氏を 2 位に選出しています。

　選手を信頼し続ける，責任は自分で背負うことを信条とする点は，ワールドベースボールクラッシック（WBC）2023で優勝を奪還した，栗山秀樹日本代表監督と同じタイプの指揮官だといえるでしょう。スポーツ番組では侍監督として森保氏と栗山氏の両者が対談しています。選手の良さを消さないように考える姿勢や謙虚さなど，侍を率いる 2 人の指揮官がもつ監督観は一緒です。

　選手の力を引き出して信じきる力は，いまの指揮官に必要な重要ワードなのです。選手自身が考えながら力を発揮できるように導く森保氏の指導は，目標達成への道に通じています。

　セカンドステップ【トップリーダー編】では，森保一氏のリーダーシップを通して目標達成マネジメントの秘訣を探ります。

1．森保一氏の生き方「ブレない姿勢をもち続ける」

　W杯カタール大会2022。日本中が歓喜に沸いた日本代表の死闘は多くの人が覚えているでしょう。強豪国に立ち向かう勇敢なチームを率いた日本代表監督森保一氏の沈着冷静な姿は，印象に強く残っています。 4 年に一度のW杯は，多くの人々が関心をよせ，様々な知識をインプットして試合を楽しみます。W杯カタール大会でも国民の多くが夜中テレビにかぶりつき，寝不足で仕事にむかったことでしょう。

　森保氏は長崎日大高校サッカー部時代，無名の選手でしたが，前向きな姿勢を評価されてサンフレッチェ広島の前進マツダSCに入団します。当時の監督

ハンス・オフト氏に見いだされて能力を発揮し，Ｊリーグ誕生の後にはサンフレッチェ広島の守備的ミッドフィルダーとしてステージ優勝に貢献します。そして17年にわたる現役生活に終止符を打ち，広島のコーチに就任しています。森保氏の指導者としての道はここからはじまったのです。

　ここでの監督は，ミシャの愛称で親しまれるミハイロ・ペトロヴィッチ氏です。森保氏の攻撃的なサッカーは，苦楽を共にしたミシャから受け継いだものです。ミシャから多くを学んだ森保氏は「指導者としてのその後の自分に強い影響を与えた部分があった」と，コーチ時代を振り返っています[2]。

　ミシャは選手がプレーへの自信を失っていないか？　家族に問題は起きていないか？　サッカーに集中できているか？といつも選手を気遣っており，すぐれない表情を見つければ「ダイジョウブ？」と声をかけます。「指導者は選手の頭の中に入り込まないとだめなんだ」という口癖どおり，ミシャは選手を第一に考えて，気持ちを把握するのです[3]。

　その後，森保氏は一旦広島を離れます。しかし，サンフレッチェ広島は経営悪化を理由にミシャとの契約を打ち切る際，同監督の攻撃的なスタイルを継承するために森保氏を監督として呼び戻します。

　監督就任初年に，サンフレッチェ広島はJ1リーグで優勝を納めますが，その勝利はミシャの遺産であるとの厳しい評価を受けます。それでも森保氏は雑音をものともせず翌年もタイトルを獲得し，その２年後も３度目のJ1リーグ優勝を飾ります。幾度も批判にさらされながら，森保氏は４年で３度のリーグ優勝という偉業を達成し，指揮官としての力を証明してみせます[4]。

　チームを勝利に導くカギは，理想のスタイルを押し付けるのではなく選手の長所を活かすことであり，それが成功を引き寄せたのです[5]。これはメソッド編でご説明するコーチング理論の理念と一致しています。

　森保氏のステップアップは続き，2022東京五輪男子代表監督に就任後，W杯ロシア大会2018日本代表のコーチに抜擢されます。そして五輪男子代表監督を兼任したまま，W杯ロシア大会の日本代表コーチから昇格する形で日本代表監督に就任するという快挙を遂げるのです。

　当時の日本サッカー協会は，W杯監督に関する方針として，①外国人指導者であること，②国際経験が豊富であること，この２つの基準を設けていました。

森保氏は, この基準のいずれにも当てはまりません。それでも日本サッカー協会の掲げるジャパンズウェイに沿って, 森保氏が初めてW杯代表監督と五輪代表監督を兼任することになります[6]。このジャパンズウェイとは, 日本サッカー協会が宣言した「2050年までにFIFA W杯で優勝する」そこに至る道筋を指します。

　W杯カタール大会において, 日本代表は「死のグループ」と呼ばれる1次リーグE組に入ります。厳しい戦いを強いられますが, 大方の予想を覆してW杯優勝を重ねる強豪国のドイツ, 世界屈指の強豪スペインに勝利し, 日本代表はグループ首位通過を果たします。それは日本代表監督森保氏の戦略と作戦が絶妙にマッチし, 信念を貫き通した結果だといえるでしょう。前評判を覆した戦いぶりと, そのブレない姿勢は世界のメディアから称賛を浴びます。

　勝ち進んだ決勝トーナメント1回戦で, 日本代表チームは前回準優勝のクロアチアと1対1の死闘を繰り広げ, PK戦にもちこみます。残念ながら1対3で屈し, 目標であった初の8強入りは先の夢へと化します。メディアは森保氏がPK戦での敗退を見届けた時, 涙に暮れるイレブンと握手を交わしながら1人ひとりに感謝の言葉を述べたことを伝えています[7]。

　このPKは, 立候補した選手がキッカーを務めました。これは, 森保氏が日頃から選手に強い意志をもって能動的に動くよう求め続けることの現れといえるでしょう[8]。

　「監督は負けたら全部自分の責任であり, それを受け止めて批判や重圧, 逆に称賛もある中でどう自分を保つのか, それが監督に求められる強さなのだ」と, 森保氏は監督という役割への信条を掲げています。だからこそ, 評価する声を一喜一憂しすぎずに自分らしく受け止めればいいと考えているのです。**自分のやり方で自分らしさを貫いていきたい, というブレない姿勢をもち続けているのです**[9]。森保氏は数々の修羅場や苦境に遭遇しても全くブレません[10]。その姿勢こそが躍進の秘訣なのでしょう。毅然と前を見つめる森保氏の姿からは, 意志の強さが伝ってきます。

　意志の軸がブレないとは確固たる信念をもち, それを貫いていることです。どこの組織にいても, 何かをやろうとする時に反対や批判, 障害は少なくありません。それでもリーダーは高い理想と裏打ちされた理論に基づき, 信念を貫

いて進まなければなりません。人のせいにはせず「責めは自分が負う」必要があります。ブレないでいることは強い意志と勇気がいります。それでも，これがなければ創造的で革新的な成果は得られないでしょう。ブレないことは，リーダーに不可欠な要素なのです。

2．森保采配の妙

　　　　　森保氏の絶妙な采配は，W杯カタール大会で注目されました。采配とは，戦場で大将が指揮をするために振る道具を指します。厚紙を細く切って房をつくり，柄につけたものです。みなさまも大河ドラマで戦国武将が采配を振り，戦いに挑む姿を見かけたことがあるのではないでしょうか。

　　　　　現役時代に鹿島アントラーズに所属していた評論家の本田泰人氏は「ドイツ戦での森保氏の采配がドイツの思考回路を停止させた」と，高く評価しています。

　本田氏によると「後半4バックから3バックに修正した森保氏の采配にドイツは対応できず，パニック状態におちいります。これに追い打ちをかけたのが，後半12分の三苫選手と浅野選手の投入です。この実にはまった交代策と，その後の堂安選手，南野選手による攻撃カードが次々と切られたことにより，ドイツの思考回路は停止したのです。森保氏を知っている人はみんなが言うけれど，彼の考えは誰もわからない "たぬきおやじ" なのです。想像もできない展開「賭け」に近い戦い方でしたが，最高のスタートになりました」と，ドイツ戦を分析しています[11]。

　メキシコ五輪でアジア人初の得点王に輝いた釜本邦茂氏も，スペイン戦での森保氏の信念を貫いた采配を評価しています。コスタリカ戦では先発メンバーを大胆に入れ替えて森保采配は批判にさらされます。それでも信念を曲げずに自らを信じて指揮を執り，選手が呼応するようにプランを遂行していた点に釜本氏は注目しています。特にスペイン戦では，後半の出だしから一気に勝負をかけた日本に対し，スペインは後手後手になるのです。この試合は金星を挙げ

たドイツ戦と同じ試合運びで，狙い通りの展開だったのでしょう。

　田中選手が押し込んで奪った決勝点は，日本の執念が詰まったものです。アシストした三笘選手も死に物狂いでボールに食らいついて，きっちり返します。相手の守備陣はさぞや度肝を抜かれたことでしょう。「守備のプレスは勝負どころの見極めが功を奏した結果なのだ」と，釜本氏は分析をしています[12]。**まさに采配が功を奏しているのです。これらの采配は森保氏が選手の練習や活躍を日ごろから把握し，大舞台での勝負強さを理解した上で選手を信頼しているからこそできることなのです。**

　戦略を組むうえで選手の把握は欠かせません。ただし監督が1人で躍起になってすべてをみるのは限界があります。だからこそ日本代表選手のコンディションや特徴の把握は，コーチ，スタッフで手分けして綿密に確認しているのです。また監督は様々な他国の中継試合も視聴して，最新の情報をインプットします。コミュニケーションを駆使して情報を共有する。それらが多彩な戦略を生み出す源にもなっているのでしょう[13]。

　森保氏がコミュニケーションをとり情報を得て導き出した戦略をチームが理解し，コーチ，スタッフで選手を把握して様々な情報を共有する。選手もこれを理解し，選手が実行に移す。それが結果につながるのです。采配の妙を発揮できる所以はここにあるのです。

　最近では多様化するコミュニケーション手段に対応できず，組織のコミュニケーション不足が問題視されています。情報伝達や指示はチャットで行うことも増えています。その結果，部署内で達成すべきミッションが浸透できない事態を招いています。**コミュニケーションの不足は，迅速な情報共有ができず，組織の統一を難しくするのです。**

　森保采配にみられるように，適材適所の重要性はビジネスでも昔から周知されています。適材適所は人の能力・特性などを正しく評価して，能力を最大限に発揮できるふさわしい場所・仕事に配置させることです。

　リーダーは業務推進にあたり，必要な能力をピンポイントで求めてしまいがちです。どこの組織も人員に余裕があるわけではありませんから。そのため必要な能力が部下に備わっていないと，ダメ出ししてしまうことがあるでしょう。しかし，いまいる人材の能力を発掘して開花させられるリーダーが，組織の力

を高められるのです。

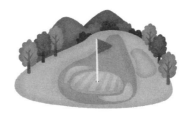

　筆者が教育機関でマネジメントをしていた時，学園の理事長に言われた言葉があります。「きみはゴルフをするでしょう。ゴルフはいかに少ない打数でホールにボールをいれるのか，という競技ですね。良いスコアをだすためには，すべてのボールをドライバーで遠くに飛ばせばよいわけではありません。各クラブの飛距離を正確に認識すること，そしてどこでどのクラブを使うことが適切なのかを考えます。それが合っていないとスコアはまとまりません。それは人も組織も同じです。誰もがドライバーで飛ばす人ばかりである必要はないのです。集まる人たちがどんな能力をもっているか把握し，どこでそれを最大限に活かすのか。それが組織には重要なのです。そして，能力を引き出し，マネジメントするのがきみの仕事なのです」まさに"目からうろこ"とはこのことです。

　この時，筆者は全員にドライバーを求めていたのでしょう。いま手にある資源をどう活かすのか？　これはリーダーの手腕といえるでしょう。

　ただし，将来が予測できない状況で人材育成の方向を見極めることは難しいものです。いつ企業の戦略や組織が変化を迫られるかわかりません。強引に育成しても企業の方向転換により失敗する可能性もあります。近年では，多様な

出所：経済産業省　ダイバーシティ経営企業 100選ホームページ
（http://www.diversity100sen.go.jp/）

価値観や個人のバックグラウンドを活かしてイノベーションにつなげるため，「ダイバーシティ経営」に基づく人材戦略をとる企業が多くあります[14]。ダイバーシティ経営での人材戦略と従来型の適材適所がミスマッチを起こしているケースもあるのです[15]。

　経済産業省では，ダイバーシティ経営を「多様な人材を活かし，その能力が最大限発揮できる機会を提供することでイノベーションを生み出し，価値創造につなげている経営」と定義しています。

　「多様な人材」とは，性別，年齢，人種や国籍，障がいの有無，性的指向，宗教・信条，価値観などの多様性だけではありません。キャリアや経験，働き方などの多様性も含まれます。「能力」とは，多様な人材それぞれの持つ潜在的な能力や特性を指します。

　「イノベーションを生み出し，価値創造につなげている経営」とは，組織内の個々の人材がその特性を活かし，生き生きと働くことのできる環境を整える。それによって自由な発想が生まれ，生産性が向上することにより自社の競争力強化につながる，といった一連の流れを生み出しうる経営のことです[16]。

　価値観の多様化をはじめ，労働人口の減少，ビジネスのグローバル化などから，過去の価値観と異なる多様性人材を活かすことは，いまのビジネスにおいて必須事項といえるのでしょう。コンプライアンスの観点からはもちろん，ジェンダー平等，人権への対応がデフォルト（初期設定）となりつつあるグローバル市場において，ダイバーシティへの対応は企業の持続的成長や企業価値に直結する問題です。

　ビジネスにおけるインクルージョンとは，組織内すべてのメンバーが尊重され，個々人が能力を発揮して活躍できている状態を示します。ダイバーシティインクルージョンは，多様性のある人材が互いの個性を尊重しながら，互いに能力を発揮できる状態を指します。多様な人材を集めるダイバーシティの先に，それぞれの能力を生かし共存共栄を目指すインクルージョンがあるといえるでしょう[17]。

3．ピッチで問題を解決できるのは選手だけ，だからこそ自主性・自発性を促す

　メンバーの素早く適切な判断力と行動力の高さは，組織力を強化するための好循環を生みだします。判断力とは物事を正しく認識し，評価する能力です。判断するためには，どうあるべきか自分で明確な基準をもたなければなりません。同時に，判断材料となる選択肢を複数生み出す必要があります。そのための知識や情報収集は必須事項といえるでしょう。

　森保氏は選手の自主性を尊重して，自発性を促すチームマネジメントを意識的に行っています[18]。ひとたび試合がはじまれば監督にできることは少なく，ピッチで起こる問題を解決できるのはピッチにいる選手たちだけだからです[19]。つまりその時々で選手がどうあるべきか瞬時に考え，選択肢から速攻で判断をくだすということです。

　選手が判断し，率先して行動するため，森保氏は対戦相手の分析から得られる情報を選手たちに徹底して落とし込みます。そこから選手が言われたことをやるのではない環境を作り出すのです。そのうえで森保氏は選手に一方的に話をするのではなく，あの局面ではどうしたら良かったと思う？と，質問を投げかけ，選手の思考力を広げることを意識しています。

　これらは質問によって問題を想起して，選手同士がコミュニケーションをとりながら解決するためであり，高いモチベーションにもつながります[20]。「やらされている」のではなく，1人ひとりが「自分はこれをやっている」という感覚をもちながら進んだほうが，より強固なチームをつくることができる，との考えに基づいているのです[21]。質問をして選手に考えさせ，判断力を養う。まさにコーチング手法の実践といえるでしょう。

　指導する時に一方的に教えても，相手はその技術や知識をそのまま使えないことが多々問題視されます。そのため相手が本当に使えるアイディアは，自分で見つけ出すという過程を踏むことが不可欠です[22]。

　部下の潜在的な能力を引き出すためには，ティーチング（教える）ではなくコーチング（引き出す）が必要なのです。知識や経験がない場合は，まずティー

チングが必要でしょう。しかし，教えられてばかりでは考えることをしなくなり，言われたことしかできなくなります。部下の応用力を育てるためには，適切な質問により考える力をのばす必要があるのです。

　W杯カタール大会において，日本はピッチインしてから選手たちに対応を考えさせていたのも特徴の１つです。選手自らが自由に考え解決策を見出し，チーム力を高めて結果を出していく。計画や指令によって戦うのではなく，選手がその場その場の自主的で迅速な判断で，サッカーという流動的で不確定要素の多いスポーツに立ち向かっていく。そのことが日本代表，日本サッカーを強く大きくしていくはずだと，森保氏は考えているのです[23]。

　選手もその信念に従い，実際のピッチ上で直面する事象や変化を自分たちで解釈・認知して解決策を見出していきます。選手の自発的な判断が身勝手で無秩序なものにならない理由は，勝利の可能性が高い大枠が既に固められているためです。その枠組みの中で積み重ねられていく。選手たちの自発的な判断はチームに蓄積したものなのです。その結果，様々な変化にも強い柔軟性を兼ね備えた組織が，中長期的にできあがるのです[24]。

　ビジネスにおいてもメンバー各自の判断が最適であり，それが自主的・自発的でバランスよく行動できるのならば，素晴らしいチームになることが想像できます。解決のための適切な手段を自主的に考え，行動に移すことができれば目標を達成することができるのです。

4．能力を見極める―ストロングポイントをのばす

　組織を最大化させるためには，部下の能力を見極める必要があります。そうでなければ最適な采配は振れません。部下の能力や個人の性格を理解し，ストロングポイントを把握することは，適切なメンバーマネジメントにつながります。森保氏も自分に何が必要で何が不必要かを見極める力が大切だと考え，サッカーに活かそうとしています[25]。

　自己評価の低い人は多いものです。自分の本当の強みを見つけられない人，気がつかない人もいるでしょう。自分のもつ本質的なもの，精神や性格，価値観，好きなこと，克服した経験など，人の強みはふとしたところで垣間見るこ

とができるのです。資格や実績だけが強みではありません。

　森保氏は自分がやろうとしていることを選手に伝え，それを選手ができているのかどうかをみることで，サッカー選手の技量をはかります。選手個々に目をむけるのは監督の義務だと考えているからです[26]。選手にしてあげられること，してあげないといけないことは，何よりもまず「みること」なのです。指揮官の基本は，自分が何か働きかけて変えてあげるというよりも，とにかくまず単純にプレーをみてあげることからはじまるのです[27]。

　選手の能力を見極めるうえで，コーチの存在は極めて重要です。コーチたちと複数の目を使って情報交換をしながら選手をみます。スタッフ同士の連携が，選手の体調やメンタル，能力の詳細な理解につながっています。だからこそ，森保氏はスタッフ全体でチームをみて，意見交換をしながらチームをつくっていくという方針をもっているのです[28]。

　ただし，誰にでも任せられるわけではありません。森保氏はチームのコンセプトに沿ったアプローチをコーチにしてもらい，コーチたちとの確実なコミュニケーションを忘れません[29]。コーチの情熱や指導実績に裏打ちされた監督の信頼があるからこそ，任せることができるのです。

　自分以外の人に仕事を任せることは，簡単なことではありません。特になりたてのリーダーは任せることに慣れておらず，仕事を抱えてしまいがちです。一方，人に丸投げしてしまうリーダーも求心力を失います。いかにチームが連携してアイディアを出し，広い視点でカバーするのか，リーダーの技量が試されます。

　森保氏の指導は，基本的にウィークポイントの改善に関して最低限は求めるけれど，ストロングポイントを追求してのばすことに重きを置いています。**長所をのばすことで短所が改善されることはあっても，欠点を克服するだけでは長所がのびないからです**[30]。

　選手は怒りやプレッシャーによって動くわけではありません。正しくチームや選手の状況を見極めたうえで，言葉をかけていくことが欠かせません。森保氏自身，他人から怒られてモチベーションがあがったりさがったりすることはないと断言しています[31]。リーダーの役割は，部下の能力を見極めてストロングポイントをのばすことなのです。

　部下の能力を見極めてストロングポイントをのばす面白いケースとして，ある中小企業の話を思い出します。その企業のマネジャーは，女性の新人社員をうまく活かすことができずに困っていました。彼女は総務部に配属されますが，特に得意といえるスキルはありません。ただし，ポスターや案内を書いたり，ポップをつくったりするのがとても上手で，その出来はとても細かく丁寧できれいなものでした。それだけでは仕事にならないため，マネジャーは何を任せるべきか迷っていたのです。

　ところがあるとき，彼女は経理部に異動を命じられます。彼女は簿記も会計も学んだことがありません。驚くことに社長が彼女の細かく丁寧な作業と正確性を見抜き，経理に抜擢したのです。その後，彼女は自ら必死に会計の勉強をして知識を深めていきます。仕事は正確で丁寧あり，ファイルする際のとじ穴の位置は1mmの狂いもありません。彼女のつくる書類は官公庁の職員からも信頼され，企業の評価が高まります。それから年月が流れ，気がつけば彼女は敏腕の財務部長になっていました。いまでは彼女がいなければ，その企業はまわらないでしょう。

　これは個性とポテンシャルを見抜く力の素晴らしさを感じた出来事です。能力を見抜くとは，もっている資格や経験で判断するのではなく，その人の性格や価値観から読み取れるものなのでしょう。

　ドラッカーの著書『マネジメント』（ダイヤモンド社）でも，人こそ最大の資産であり，マネジャーの務めは人の強みを発揮させる（引き出す）ことだと強調しています[32]。部下の潜在的な強みを呼び覚ますためには，仕事を任せるなど経験させることで顕在化できます。

　なお，北海道大学の松尾睦氏は，著書『部下の強みを引き出す経験学習リーダーシップ』（ダイヤモンド社）で，リーダーの部下育成に関する落とし穴をあげています。それは弱みを克服させようとすることです。リーダーが部下の力量を見極めて，弱みを克服させようと考えるのは自然なことです。人前で話すのが苦手な場合は，スピーチの練習をさせるでしょう。しかし，**育て上手は部下のポテンシャルや埋もれた才能がどこにあるのかを探し，その才能をのばすために成長ゴール（能力の目標）を設定して，部下の強みを引き出すのです。**ここでの弱みとは，努力しても克服できない先天的な弱みを指します[33]。

　森保氏の考えにもあるように，ストロングポイントを見つけてのばすことは，部下を育てるうえで重要な要素なのです。

5．コミュニケーション力とコーチングスキル

　森保氏の誠実さや真面目さが伺える高いコミュニケーション力と優れたコーチングスキルは，様々な場面で評価されています。森保氏は取材者に対して敬意を払って対応し，どんな質問を受けても真摯に答えようとする姿勢が認められています[34]。

　リーダーの役割を果たすためには，高いコミュニケーション力とコーチングスキルが欠かせません。指導者は伝えるための言葉と表現力をもたなければならないことを，森保氏も主張しています[35]。監督として選手に何を伝え，何をしてあげられるのか，常に念頭においているのです。

　この上ないほど頑張っている選手には，さらにムチを打つようなことはしません。「しっかりやれているのだから，状況は必ず変わっていくはずだ」と伝え，自信をもたせることを信条としています。選手のプレッシャーを取り除いてあげることが監督の役割だからです。そのため，チームトークもポジティブ表現を意識しています[36]。

　的確なコーチングをするためには，選手が周囲の状況をしっかり見られていること，理解していることが欠かせません。試合の流れを読む力，感じる力がないと正しいコーチングは成立しないのです[37]。

　コーチング理論では，コーチが考えを先導し強制して答えをだすことはありません。**コーチングの基本は，①相手に新しい気づきをもたらし，②視点を増やし，③考え方や行動の選択肢を増やし，④目標達成に必要な行動を促進することです**[38]（図表2-1参照）。

　企業においても効果的な質問により，これら4つを導くのがコーチ（リーダー）の役割です。その結果，相手（部下）が主体性をもって自らが出した答えを行動に移すことができるのです。これがコーチングの原点といえるでしょう。

　メソッド編で説明するコーチング理論のGROWモデルは，効果的な質問に

【図表 2 - 1 】　コーチングの基本

よりコーチングの 4 つの基本を引き出し，部下を目標達成に導くメソッドです。適切な質問は相手の能力をのばします。リーダーは質問により，部下のアイディアを引き出すことが求められるのです。

　コーチングルームにおいて，森保氏はトップダウンでこちらの思っていることを言う前，コーチに「どう思う？」と意見を求めます。それは森保氏ができるだけ凝り固まった考えにならないようにするためであり，コーチを含めたいろいろな人の見方や判断材料を提供してもらい，広い視野で戦略を考えるためです。そのうえで，決めたことをブレずにやり続けることに意味があると考えているのです[39]。

　現実を知ることは，目標を達成するために不可欠です。現実と目標のギャップを理解しなければ，具体的な対策が打てないでしょう。森保氏も若い選手に関しては細かくこちらの思惑を伝えるよりも，まずは現実を受け止めてもらったほうがいいと思っています。チームワークを成立させるためにも，選手起用は実力をニュートラルに評価しなければなりません。そのうえで，ポジションをつかみ取った選手が試合に出られるのです。若手の将来性や可能性だけで起用することは誰も納得しないでしょう[40]。

　若手はチャンスをもらっただけで満足してはいけません。試合でできたこと，できなかったことを，毎回振り返るように必ず指摘をします。感じたことをこの先どうやって生かすのかが大切だからです[41]。

　理想よりも現実。このバランスが崩れたら勝てません。常に立ち返ることによってバランスを取り戻すのです[42]。練習の中でできないことはダメではありません。できないことをできるようにするためトライすることが重要であり，それが試合でより良いパフォーマンスにつながるのだ，と森保氏は常に選手に伝えています[43]。

　現実を理解しないと目標達成はできません。いまどの段階にいて，この先どのくらいの道のりがあるのか？　到達するためには，どのような資源が必要なのか？　現実をわかっていない人は夢物語で終わってしまうでしょう。部下が確実に目標を達成するためには，現実を把握して達成のための具体的な手段とプロセスを検討するよう促す必要があるのです。本章メソッド編のGROWモデルは，質問により現実の把握を促し，目的を達成するための資源を検討できます。

6．トップリーダー森保一氏から学ぶコミュニケーションマネジメントのヒント

　森保一氏のリーダーシップから学ぶコミュニケーションマネジメントのヒントをまとめます。

❶　選手をみることが的確な采配につながる

　日ごろから選手の練習や活躍を把握し，大舞台での勝負強さを理解します。選手を信頼しているから采配ができるのです。何よりも選手をみることが監督の義務といえます。リーダーも部下をしっかり見て能力や性格を把握し，的確な采配を振りましょう。そして信頼できる他のメンバーと複数の目で情報交換を行いながら部下をみる必要があります。

❷　コーチング力とコミュニケーション力の強化

　選手を理解するため，コーチとのコミュニケーションは欠かせません。常にコーチに意見を求め，選手にも問いを与えていくことが必要です。ビジネスでも部下をはじめ他のメンバーに意見を求め，質問により考える力を養うコーチングとコミュニケーションが大切でしょう。自信をもたせプレッシャーを取り除くこともリーダーの役割です。

❸　ストロングポイントをのばす

　モチベーションを維持させることは，本人の能力をアップするために不可欠です。他人から怒られてモチベーションがあがることはありません。リーダーの役割は，部下の能力を見極めてストロングポイントをのばすことといえるのです。部下が自己のストロングポイントを認識することは，ポジティブな思考を育てることにつながります。強みをのばせば，弱みを補うことができます。

❹　選手自らが自発的・自主的に動くよう導く

　ピッチで問題を解決できるのは選手だけです。だからこそ選手が強い意志をもち能動的に動くよう導く必要があるのです。部下にも情報を提供し，質問を投げかけて問題を提起します。そのうえで，現実を理解して解決策を考え抜いてもらわなければなりません。理想よりも現実を知ることが重要でしょう。このバランスが崩れたら勝算はないのです。

セカンドステップ【メソッド編】

1. 自らが考え工夫して目標を達成する―目標達成のためのマネジメントを探る

　あなたの部下は，自ら考え工夫して目標達成ができていますか？　人は目標を達成した経験があると「自分はうまくやれる」と思うことができます。これは，自己の能力を認知するきっかけになります。また自己の成功体験を積むことは，ファーストステップで示した自己効力感（目標を達成するための能力を自らがもっている，と認識する）に影響します。自己効力感はモチベーションを維持させ，ビジネスで満足感を得ながら業務に取り組むために欠かせない概念です。

　目標達成のプログラムであり，自律型人材の育成やモチベーションマネジメントの有効な技法として，コーチング理論があげられます。コーチングは部下が最大限の成果をあげるため自らの能力を引き出し，行動を起こすことを助けるコミュニケーションの理論です。

　コーチングの特徴は「答えは相手の中にある」を理論の出発点とし，教えるマネジメントスタイルから，複数の視点をもたらし答えを引き出すスタイルへのパラダイムシフトにあります。コーチングは人の可能性を発掘し，開花させることができるのです[44]。森保氏が質問により選手の自主性と自発性を促しているように，リーダーは事細かく部下に指示するのではなく，部下に対して適切な質問をすることによりアイディアを引き出していきます。

　セカンドステップでは，目標達成に導く効果的なコーチングメソッドGROWモデルを学びます。効果的で教育的なコミュニケーション能力は，いまやリーダーにとって不可欠なのです。

　コーチ（Coach）は馬車を意味します。馬車は今いる場所から行きたい場所に人を運んでくれます。コーチング（Coaching）は，人を目的地まで連れていく手段であり，最善の，そして最も洗練された旅の手段とされます。

　コーチは目標達成に必要な技術，ツールが何であるかを気づかせ，それを相手に備えさせます[45]。その点はビジネスでもスポーツでも同様の役割を果たします。

　リーダーの言葉は投げかけ方によって効果が異なり，部下の受け止め方も大きく変わります。その投げかけは，部下の心に染み込んでいる言葉なのか？部下はわかったフリをしているだけで，本当にわかっているのか？　これらの心配は，部下の顔色を見るとなんとなく伝わって来るものです。

　筆者は大学院の授業で初めてコーチングに出会いました。聞いたことがある程度に理論は知っていましたが，トレーニングを受けたことはありませんでした。失礼なことに，最初は「コミュニケーションスキルの1つ」と，高をくくっていたのです。しかし，実際は違いました。授業では学んだコーチング手法を次の授業までの1週間で部下に実行する課題が出るのですが，部下の反応が週ごとに変わっていくのがわかるのです。最初の1週間目の大きな変化は今でも鮮明に覚えています。

　例えば，第1章メソッド編7項（4）（32頁）で示したIメッセージとYouメッセージはコーチングでも活用されるスキルです。これは即効性があります。

　ある部下の女性に対し，筆者は業務を依頼して出来上がった際，いつもなら「ありがとう」と，Youメッセージだけを伝えていました。それまで彼女は笑顔で「はい」と答えるだけでした。しかし，その週は「あなたがいつもしっかり書類を作ってサポートしてくれるので，わたしは本当に助かります。わたしはあなたのお陰で仕事がすすめられます」と，Iメッセージで感謝を伝えました。すると彼女は眼を潤ませながら満面の笑みで「ありがとうございます！

そう言ってもらえてうれしいです。わたし，これからも頑張りますから！」と，私にむかって答えてくれたのです。

　コーチング手法を取り入れてからの彼女は，とても積極的に仕事に関わるようになります。承認欲求につながる評価を本人が実感したためでしょう。こんなに即効性があるのならば，早く取り入れていたら良かった，いろいろな部下に効果的で適切な指導やアドバイスができたのに…と，多くの部下の顔を思いながら深く反省したものです。

　リーダーに限らず，人は日ごろ何気なく言葉を使い表現しているものです。けれども言葉の使い方，表現の仕方によって人の心は大きく動きます。すべての生活において，どんな言葉を選んで使うのか？　どう表現するのか？　工夫することによって，人との関係は変わります。言葉・表現は人そのものだと言えるでしょう。**相手のモチベーションを高める表現を獲得することは，その後のマネジメントに大きく影響します。**

２．相手の自発的な行動を促進するコーチング

（１）　質問力の向上が，部下の考える力を育てる

　リーダーは本章トップリーダー編５項（58頁〜）で示したコーチングの基礎，①部下に新しい気づきをもたらし，②視点を増やし，③考え方や行動の選択肢を増やし，④目標達成に必要な行動を促進する，の４点を効果的な対話によって作り出すことが求められます。

　ここで重要な点は，リーダーがこれらを先導したり強制したりするものではないということです。森保氏が選手に質問を投げかけ，思考を広げて判断力を鍛えていたように，**リーダーの質問をきっかけとして，部下は話すことで考えが整理され，新たな気づきが生まれます。そのうえで，自身の目標と現状のギャップを把握し，部下は次の具体的な行動を主体的に決定できるようになるのです**[46]。

　エグゼクティブコーチングのパイオニアであるジョン・ウィットモアは，1990年代にインナーゲーム（Inner Game）をイギリスに紹介しています。著書『はじめのコーチング（2003）』（ソフトバンククリエイティブ）は，ビジネ

スにスポーツコーチングの手法を取り入れた訓練法を導入し，コーチングを通して職務遂行能力の向上を目標として出版されています[47]。

　インナーゲームはコーチングの原点とも言われており，心と体のつながりの連係を考察しながら，自分自身の最大の力を引き出すための発想法です[48]。勝負における実際の競技（アウターゲーム）に対して，インナーゲームは競技者の心の中で行われます。インナーゲームでは2人の自分がいると考えられており，無意識の自分であるセルフ2と「失敗したらどうしよう」などといろいろ考えることで行動にブレーキをかけるセルフ1が存在します。目標を達成するためにはセルフ2を強化し，セルフ1のブレーキを最小化することが重要です。企業では，いかにして社員がもつ力を最大限に引き出せるのか？ということに焦点がおかれます[49]。

　著書の中でウィットモアは「気づき」が最高の能力を発揮するために役立つことを強調しています。「気づき」は自分の周りで起きていることを知ることです。これは発言や命令ではなく質問により育まれるものです。

　人は何かを教えられると，考える必要がなくなってしまいます。そして「気づき」や「やる気」，「創造性」などもほとんど湧いてきません。効果的な質問はこれらを引き出すのです[50]。

　したがってリーダーに必要なことは，先に答えを出すことではなく，気づき，やる気，創造性を引き出す質問を見つけることなのです。答えを出し続けてしまったら，部下はやる気をなくして考えなくなり，言われたことしかできなくなる，もしくはやらなくなります。とはいっても，簡単に適切な質問が頭に浮かんでくるものではありません。

　筆者はコーチングを学んだあと，さらに臨床コーチングを修得するために研修に参加します。コーチングのトレーニング中は，なかなか良い質問が思い浮かびませんでした。そんなとき講師の先生から「最初は質問が浮かばないと思います。そのため，適切な質問が頭に浮かんだらすぐにメモをとっておくことをおススメします。参考になる質問もメモに整理しておくと良いでしょう。コーチングの時は，メモを見ながら質問しても良いのです。常にそのメモを見ながら適切な質問を投げかけると，そのうちに慣れてきますよ」とアドバイスをもらいました。

評価・承認の表現や適切な質問は，その場で簡単に浮かんでくるものではありません。効果のある質問を投げかけるためには，適切な言葉を積み上げていくことが修得への道です。人の表現や書籍などを参考にして，評価や承認，質問など，自分なりの項目別表現をまとめてみるのはおススメの方法です。

（2） ティーチングとコーチングの使い分け

ティーチング（Teaching）とコーチング（Coaching）では，手法や目的に違いがあります。リーダーはティーチングとコーチングの違いを理解し，使い分ける必要があります。

ティーチングは教えることであり，知識や経験，ノウハウ，体系化されたものを伝えることが中心となります[51]。ティーチングは指導者であるリーダーが，知識や答えをもっている前提で行われます。そのため，一方的に教えることもあるでしょう。

一方，**コーチングは双方向のコミュニケーションにより自らの気づきをもたらし，複数の広い視点をもつことができるようになります**[52]。コーチングは指導を受ける側が答えをもっています。リーダーの適切な質問により，本人の力で正解を導き出せるよう手助けをしていくのです。

ただし新人でまったく知識や経験がない場合，コーチングはできません。引き出せるものがないからです。右も左もわからない人に「考えて！」といっても無理というものです。

【ティーチング　Teaching】
■　部下には指示・命令・指導を行います。
■　リーダーが答えをもっているため，部下に答えを教えます。
■　リーダーの考えだけになるため，部下から新しい答えは出てきません。
■　問題は早く解決されますが，部下は受動的に答えが与えられるのを待つ「指示待ち」になってしまうことがあります。
■　リーダーは部下をコントロールしてしまいます。

【コーチング　Coaching】

■　リーダーは部下に質問だけ投げかけます。

■　部下が答えをもっているため，リーダーは部下の答えを質問により引き出します。

■　部下が考えることで，リーダーが思ってもみなかった答えを引き出せる可能性があります。

■　部下の自主性が芽生えます。

■　リーダーが部下をコントロールすることはありません。

　コーチングでは，基本的に「教える」ことはしません。その代わりに「問いかけて聞く」という対話を通して，相手から様々な考え方や行動の選択肢を引き出していきます。彼らが目標を達成するために必要な知識や技術，ツールを自ら備えさせるのです。

　そもそも部下とリーダーの経験・常識・感覚は異なります。リーダーの質問によって自分で答えを出すことが，実行に移せる手段だといえるでしょう。

3. 目標達成に導くプロセス設計GROWモデル

　コーチングのGROWモデルは，目標を達成させるための効果的なプロセス設計の手法です。目標達成に効果的な会話は，成果を生み出します。GROWモデルでは質問によって目標を設定し，現状および目標とのギャップを把握します。ギャップを埋めるために必要なものを備え，行動を決定できるように促します。

　諸説ありますが，GROWモデルは1980年代初めにインナーゲームをヨーロッパにもたらした1人であるグラハム・アレクサンダーらによって考え出されたと言われています[53]（**図表2-2**）。

　「答えは相手の中にある」とはいえ，質問を投げかければすぐに完全な答えが出てくるわけではありません。潜在的には知っていても，自分では気づいていないこと（意識化できていないこと）がたくさんあるのです。リーダーは，部下がまだ言葉にできていない部分を引き出すような関わり方が求められます[54]。

【図表 2 - 2 】　GROWモデル

Goal What do you want?	Reality Where are you now? Resource What resources are available?	Options What could you do?	Will What will you do?

【図表 2 - 3 】　GROWモデルの概要

G	Goal	目標を明確にする	今期でどんな成果を出したいですか？
R	Reality	現状・現実を把握する ＊本当にそう？	今の業務で重要な課題はなんでしょう？
	Resource	資源を発見する ＊他にないの？	誰か協力者はいますか？
O	Options	選択肢や方法を考える	他の方法は何かありますか？ 顧客側から見るとどう見えますか？
W	Will	意志を確認する	まずどこから始めますか？ いつから始めますか？

　リーダーは質問によって新しい別の視点を与えていきます。質問により部下は考えるようになり，ほかの考え方や方法に注意をむけることができるようになるのです[55]。

　部下は質問により，気づいていなかったことに目を向け，柔軟に発想し，行動をはじめます。潜在力が発揮されていくのです[56]。

　GROWモデルは，Goal（目標），Reality（現状）・Resource（資源），Options（選択肢），Will（意志）の頭文字を並べたものです（**図表 2 - 3**）。

（1）【G】Goal（目標を明確にする）

　目標とは実体を伴った夢です。目標は 2 種類あります。1 つは最終目標です。最終目標の達成は本人のコントロールが及びません。もう 1 つはプロセス目標です。最終目標を達成するために必要な業務遂行のプロセスを設定することです[57]。目標達成のための設計では，いかに

具体的，肯定的で実現可能なプロセスを検討できるかがカギを握ります。この
プロセスはコントロールすることができます。

**目標は，より具体的に鮮明にイメージできるようにならなければ行動に移せ
ず，達成することはできません。**例えば，営業の売り上げ目標は数字で具体的
なように見えます。しかし数字はただのシンボルなのです。その数字の背景に
ある数字ができあがる過程がイメージできて，自分との間の関連性がもてれば，
現実味を帯びるのです[58]。

【質問例】

■　このプロジェクトでどのような成果を出したいですか？

■　具体的には，どういう状態になりたいと思いますか？

■　何を達成したいと思いますか？

■　どのような結果を手にしたいですか？

■　どのような状態になると目標を達成したと判断できますか？

【会話事例】

リーダー：この 1 か月の業務でどんな成果を出したいのかな？

部　　下：目標をちゃんと達成したいです。

リーダー：「ちゃんと」って，どういうことかな？

部　　下：X 社との契約をとりたいです。

リーダー：なるほど。X 社と契約するために必要なことって何ですか？

部　　下：まずは相手の要望を理解することです。

リーダー：なるほど。具体的には？

部　　下：それぞれの企業の問題点を把握することです。

リーダー：そうだよね。いつまでに問題点を把握するの？

部　　下：今週中にはまとめたいです。

リーダー：いいですね。それで，どうやって把握するの？

（2）【R】Reality（現状・現実の把握）

　このプロセスでは現状・現実を具体的に理解します。どこまでできていて，何ができていないのか？　現在地を明らかにしましょう。行動するためには具体的に現状を把握し，ギャップを明らかにすることが大切です[59]。

　物事を実現するためには，自分が何をもっているのかを知る必要があります。自分の出発点を知る必要があるのです。**リーダーは部下が今の現実をできるだけ客観的にとらえる手助けをしましょう[60]。**

【質問例】

■　現状はどのようになっていますか？

■　いままでどのようなことに取り組んできましたか？

■　何が障害になっていますか？

■　仮にこのままだと，どのような影響が出ますか？

【会話事例】

部　　下：いろいろ試したのですが，全く結果が出ていないんです。

リーダー：目標に対して，いまは何％くらいなの？

部　　下：まったく進んでいないんです。（主観的な印象）

リーダー：何ができていて，何ができていないのだろう？　具体的に教えて。

部　　下：いま，顧客リストを整理して20社に絞って訪問したのが60％です。でも提案書を出せた企業は，まだゼロなんです。

リーダー：そうですか！　進んでいないと言っていますが，訪問は進んでいますね。後はどうしたら結果が出るのかを具体化すれば良いですね。

（3）【R】Resources（資源を発見する）

　目標達成では，達成のために使える内側と外側の資源に気づかせる必要があります。現実的に使えるリソースを具体的に複数あげるのです。リソースに気づかせることができるのは，リーダーの適切な質問です。

　部下はいま何が必要で，何が必要でないのか？　考え方が偏ってしまわないように，複数の見方ができるように，効果的な質問をします。自分は十分なリソースや協力体制がある，という実感が必要です。どこに行けば知識が得られるのかを知っている，誰がサポートしてくれるのかを知っている，どこに行けばツールが揃うのかを知っている。これらのリサーチが徹底していれば，行動は起こしやすくなります[61]。

【質問例】

- ■　何があれば目標に近づきますか？
- ■　過去のどのような経験を活かすことができますか？
- ■　どのような人の助けが必要ですか？
- ■　目標達成にあなたのどのような長所が活かせますか？
- ■　他に調べる方法はありますか？
- ■　他にそれを成功させるためにはどのような方法が考えられますか？
- ■　知識の整理だけで大丈夫かな？　他に方法はないですか？
- ■　○○に必要な業者はどのくらい知っていますか？
- ■　その件での専門家はどのような人がいますか？

【会話事例】

リーダー：何が足りていないのか見えてきたね？　どうしたらいいのかな？

部　　下：いろいろ調べてみます。

リーダー：どうやって調べるの？

部　　下：ネットで調べて，先輩にも聞いてみます。

リーダー：先輩に聞くのはいいですね。他にはどんな方法があるのかな？

部　　下：過去のケースで同じパターンがあるか確認してみます。

リーダー：いいところに気がついたね。この件で，専門家はいるのかな？　業
　　　　　者の場合，どういう企業とか部署が専門なんだろう？

（4）【O】Options（選択肢や方法を考える）

　　　　　選択のプロセスでは正しい答えを見つけるのではなく，
より多くの選択肢を見つけ出し，検討する必要がありま
す。この時点で正しい答えはわかりません。ここでは否
定的に考えずに，制約なく案を見つけていきます[62]。

　　　　　目標を達成させるためには，柔軟で効果的なやり方に
気づき，自ら選択させる必要があります。他の立場（他
の部署・役職，専門性等）になって考えることも良いアイディアにつながりま
す。

　仮に目標や行動が決定しても，十分に考えずに今までの方法を選んでしまう
ことがあります。**行動の選択肢を増やし，多くの視点から方法を探し出して選
択することは，目標達成への道につながります**[63]。

【質問例】

■　他にどのようなやり方がありますか？　3つ考えられますか？

■　何かやってみたい方法はありますか？

■　他の人のやり方で取り入れてみたいことはありますか？

■　一番効果的な方法は何でしょう？

■　裏側（顧客側）から見ると，どのように見えますか？

■　トップ営業の人だったら，どのようなやり方をすると思いますか？

【会話事例】

リーダー：X社の提案書作成は，どのようにやりますか？

部　　下：まずはX社にアポを取って，問題点を探ろうと思います。

リーダー：そうだね，他にどんな方法があるだろう？　3つ4つあげられる？

部　　下：過去にX社を担当している先輩に確認してみます。あと，雑誌とか

　　　　　ネットでX社の情報が掲載されているかチェックします。

リーダー：素晴らしいアイディアだね。他にはどうかな？

部　　下：あと……X社と同業他社を担当している先輩に確認してみます。X
　　　　　社の業界全体の問題点を把握するのはどうでしょう？

リーダー：いいですね。一番確実で効果的な方法は何がよいのかな？

（5）【W】Will（意志の確認）

　　　　　最後のプロセスでは，とるべき行動を決定します。行
　　　　　動が決まったら「いつからやるのか？」の質問により具
　　　　　体的なプロセス目標につなげます[64]。

　　　　　リーダーは部下が自ら行動する意志を確認し，実行計
　　　　　画をたてましょう。そして，目標達成の可能性を確認し
　　　　　ます。また，いつどこで行動するのかを具体的に確認す
る必要があります。次にどのような形でフォローするのか行動計画を決めてお
くことが大切です[65]。

　達成の可能性が低い場合は，無理がある点や，できない理由があるケースが
考えられます。**ここでは「自らやる決意」を確認する必要があります。**

【質問例】
- いつ，何からはじめますか？
- 達成の可能性はどれくらいですか？
- 進捗について，いつ報告を頂けますか？
- まず，どこからはじめますか？
- 何日間でできますか？
- 計画に無理はありませんか？

【会話事例】

リーダー：では，いつから何をはじめようか？

部　　下：まずは何をどうするのか，行動計画を今日中に作成します。

リーダー：それはいいですね。具体的にもれなく動くためには，その方法はと

ても良いですね。それで，いつ報告してくれるのかな？

部　　　下：今日中に作成して，できたらご報告します。

リーダー：素晴らしいね。進捗状況は教えてくれるのかな？

部　　　下：午前中が終了する段階で，一旦ご報告します。

リーダー：ありがとう。待っているね。

４．効果的な質問

　質問は目的をもった効果のある言葉がけにより，問題の解決策が明確になっていきます。質問にはクローズドクエスチョンとオープンクエスチョンがあります。場面により使い分けると，より話が進みます。

（１）　クローズドクエスチョン

　クローズドクエスチョンはYes（はい）・No（いいえ）で回答できる質問です。例えば，

リーダー：今日は，いいお天気ですね？

部　　　下：はい，青空が見えますね（Yes）。

リーダー：ここまでは車で来ましたか？

部　　　下：いいえ，時間が読めるので電車できました（No）。

　これは事実や意見を明確にする質問です。クローズドクエスチョンは事実を話せばよいので答えやすい質問といえるでしょう。関係性がまだできていない段階において，会話の初期段階に使えば話を促進させることができます。

　ただし「これはあなたがやったことですか？」「はい，そうです」など，場合によっては相手を責めながら返事を迫る詰問になることがあります。

（２）　オープンクエスチョン

　オープンクエスチョンは５Ｗ１Ｈで回答できる質問です。例えば，

リーダー：昨日の営業はどこに行きましたか？

部　　　下：文京区のＸ社に行ってきました。

リーダー：そこへは誰が同行したのですか？

部　　下：吉田部長が同行してくれました。

　このように自由に考えを話すことができます。クローズドクエスチョンで会話が進むようになったら, 次の段階でオープンクエスチョンを活用しましょう。なお, オープンクエスチョンには種類があります。場面により使い方を変えてみましょう。

①　経験・決定したことを聞くオープンクエスチョン

　1つめは, 経験や決まっていることを自由に回答する質問です。例えば,

リーダー：今日はどこの企業に訪問しますか？

部　　下：今日はX社, Y社, Z社の3社を予定しています。

　このように, **経験や決まっていることは話しやすいですね。**その後の話がスムーズに進みます。

②　考えを聞くオープンクエスチョン

　2つめは, 自分の考えを答える質問です。例えば,

リーダー：円高と不況が続いている状況下で, X社が次に狙う戦略は何だと思う？

部　　下：えっと……

リーダー：ウクライナ侵攻における業界への打撃について, 君はどう対処すればよいと考える？

部　　下：はい, えっと……

　このように, **自分の考えや思想を答える質問は, 話しにくいものです。**特に若手の場合は, 相手の顔色（反応）を見ながら話すことがあるでしょう。会話がはじまって, いきなり考えを聞くオープンクエスチョンを使うと, 相手は戸惑ってしまいます。

③　Whyからはじまるオープンクエスチョン

　3つめは, Why（なぜ？　どうして？）の質問です。Whyからはじめると相手を責めるように聞こえます。そのため相手は詰問されている印象をもちます。「責任者は誰なのか？＝あなた」を明らかにするためです。例えば,

リーダー：なぜできなかったんだ？

リーダー：どうしてそんなことをしてしまったんだ？

　Why質問は相手に説明を求めていますが，責任を迫る意味をもちます。そのため部下を萎縮させ，創造的で積極的な行動を奪ってしまいます[66]。

④　HowかWhatからはじまるオープンクエスチョン

　4つめは，What（何が？　何を？）の質問とHow（どのように？　どうやって？）の質問です。**What質問は，問題の奥にある潜在的な問題をはっきりさせることができます。またHow質問は潜在的な問題に焦点を当てて発展することができます**[67]。例えば，

リーダー：何（What）が足りなかったのだろう？

リーダー：何（What）か気がついたことはなかった？

リーダー：どうやったら（How）同じ失敗を繰り返さないですむかな？

リーダー：次はどういうふうに（How）やる予定？

　このように，**What質問やHow質問は，アイディアを発展させられます。**

表現例
【Why】 なぜ契約がとれないんだ？（責められてるなぁ…つらいなぁ） 【What】 何が契約をとれない障害になっているのかな？（どうして契約がとれないんだろう…） 【How】 これからどうしていけば数字がのびると思う？（自分は何をしたらよいのかな…）

5．GROWモデルを活用する際に心がけること（事前準備）

　リーダーは部下自身が気づいていないリソースを呼び起こす必要があります。部下の意識の奥深くにあるアイディアを引き出すためには，第1章メソッド編8項（33頁～）や9項ケーススタディ（35頁～）で示した事前準備が必要です。

GROWモデルをはじめる前も，必ず事前準備を忘れずに進めましょう。

　第1に，リーダーは相手が話しやすい環境（聞いてもらえる体制）を整えましょう[68]。部下が回答している時は，途中で口をはさんで意見を言ったり，イライラ高圧的な態度をとったりするなど攻撃的な態度は慎みます[69]。部下の意見や考え方を尊重し，さえぎらずに最後まで聞きます。リーダーは相手が理解しているかどうか，時々確認しながら質問をすすめましょう[70]。

　第2に，リーダーは正しい承認を表現する必要があります。承認は相手の存在，行為，状態などを認めて言葉にして伝えます[71]。森保氏は能力を見極めてストロングポイントをのばすため，言葉をかけて承認することを欠かしません。

6．ケーススタディ

　3つのケースを参考にGROWモデルを使って，部下が目標を達成するための指導表現を示します。リーダーは部下が自主的に目標を達成するための適切な質問力を身に付けましょう。

【CASE 1】　今週の目標を達成したい部下中村さんへの指導		

部下の中村さんは，今週中に新製品のデモンストレーションを3社と約束することを目標にしています。残り3日ですが，まだ1社しか取り込めていません。あと3日で2社と約束するために，どうしたらよいのか部下が悩んでいます。

	リーダー	部下
Goal 目標を明確 にする	「中村さん，今の目標ってなんだっけ？」 「そうだよね，今週中だから残り3日で3社ってことだよね」	「今週中にデモンストレーションの約束を3取ることです」 「そうです」
Reality 現状・現実 の把握	「今は何社取れてるんだっけ？」 「お，1社は取れてるのだね。いいね」 「なるほど，あと3日で2社のデモンストレーションの約束を取る必要があるんだね」	「今は1社だけです」 「ただあと2社取るのが難しくて。それで悩んでます」 「そうなんです」

Resource 資源を発見 する	「もっと効率アップを図れないか な？」	「そうですね。いまは私が担当し ている企業を訪問して，担当者に お願いしています」 「各企業の課題がわかれば，それ に合わせて提案できるので効率的 かもしません」
	「誰かの力を借りられないかな？」	「うちの会社で，私が担当してい る企業の別部署と付き合いのある 人がいれば，顧客の課題が聞ける と思うのですが」
	「そうだね。そのデータはどこで 手に入る？」	「総務部が管理する，うちの面談 データとか名刺データを確認すれ ば，対象企業との付き合いがある 部署がわかります」
	「いいね。データは入手できる？」	「はい，大丈夫です」
Options 選択肢や方 法を考える	「1社取れた時はどういう感じ だったの？」	「いつも通りの話をしたら，お客 さんから導入企業を聞かれまし た。X社さんが使ってますと答え たら，ならばうちもデモンスト レーションを聞きたいと言ってく れました」
	「なるほどね，大手企業への導入 実績を聞いて安心したんだね」	「そうかもしれないですね。X社 は同業だから，参考になると思っ たのかもしれません」
	「そうだよね，同業者の導入は気 になるよね。その点を参考にし て，他の視点はないかな」	「同業の成功導入事例を作ってみ ます。部署ごとでの成功導入事例 の資料もつくって，伝えるのはど うでしょう？」
	「それはいいね」	

Will 意志の確認	「じゃあ，早速やってみよう」	「はい」
	「データ確認は大丈夫？」	「はい，確認します」
	「中村さん，よろしくね。どんな順番で作業をはじめる予定かな？」	「まず面談データと名刺データを確認して，対象企業と付き合いがある部署をチェックします。付き合いのある部署と担当者がいれば，面談してヒアリングしてきます」
		「次に，過去の導入実績を業種別と部署別で成功事例をピックアップします」
		「それから，今ある資料を加筆修正します」
	「うまくいきそうだね。途中で進捗を確認するなら，いつがいいかな？」	「明日から訪問するので，今日の3時くらいまでには一旦完了させます。まず，お昼前にご報告できると思います」
	「OK，じゃあ11時半に進捗を確認しよう」	「はい，ありがとうございます」

【CASE 2】　後輩の田中さんがプロジェクトの進捗に悩んでいるため，リーダーが声をかけます

後輩の田中さんが顧客の満足度をあげるプロジェクトチームに入っています。しかし，なかなか進みません。行き詰まっている田中さんが打開策を生み出すため，リーダーは声をかけてみましょう。

	リーダー	部下
Goal 目標を明確にする	「田中さん，プロジェクトの進みはどうですか？」	「なかなか進まなくて困っています」
	「このプロジェクトで達成したい目標は何？」	「当社の顧客満足度を向上させ，リピート率を今期中に今よりも10％上げることです」
	「何の顧客満足度とリピート率をUPするのですか？」	「新製品Aの顧客満足度とリピート率を確認しています」

Reality 現状・現実の把握	「現在のリピート率はどの程度ですか?」	「現在はリピート率が20%です。目標はリピート率を30%にしたいと考えています」
	「なるほど。リピート率はどのように測定していますか?」	「リピート率は,ネットで購入してくれたユーザーを後追いしています」
	「その判断の根拠になっているのは,どういうデータですか?」	「ネットのユーザーに対してネットで満足度アンケート調査をしています。満足度のアンケートに答えると,200ポイントがもらえる仕組みです」
	「ほかにリピート率に影響している要素はありませんか?」	「満足度が80%です。この満足度を上げないとリピート率も上がらないと思います」
	「そうだね。リピート率を上げるために,どのような方法が考えられますか?」	「まずはサービスの質を向上させることで,満足度を上げる必要があります」
	「成果を上げるために問題になっていることは何ですか?」	「満足度が上がらなければ,また買ってもらえません。現在20%のユーザーが満足していないことになっています」
Resource 資源を発見する	「リピート率UPはどうしたら解決しますか?」	「サービスの質向上のための対策を具体的に考える必要があります」
	「その件について,誰かからアドバイスを受けることはできませんか?」	「他の部署から意見とかアドバイスをもらい,サービスを広い視点で考えるとよいです」
	「なるほど。ほかに新しいやり方はないでしょうか?」	「専門家の意見を取り入れるのも良いと思います」
	「社外を活用した情報収集は可能ですか?」	「1度買ったけれどリピートしないユーザーに何故買わないのか理由をアンケートで聞いてみるとかはどうでしょう」

Options 選択肢や方法を考える	「いまとれる選択肢を整理して教えてもらえますか？」	「まず，他の部署の人から意見をもらい，サービスの質向上について検討します。次に，満足度やリピート購買の研究をしている専門の方にアドバイスをもらいます。満足度の文献も調べます。そして，過去の購買データから，リピートしないユーザーに対してリピートしない理由を調査してみます。そのうえで，具体策を検討します」
	「田中さん，いいですね。一番やりやすいところからはじめるとしたら，どこですか？」	「他の部署から意見をもらい，サービスの質向上を様々な視点で考えることが良いと思います。他の部署にアドバイスをもらう件を，現在のプロジェクトメンバーに提案します」
	「明日からできることは何ですか？」	「まず，プロジェクトチームを招集して再度方法を検討し直します」
Will 意志の確認	「いつ，何から取り掛かりますか？」	「これから，プロジェクトメンバーに招集を提案します。今週中にはミーティングを開きたいと思います」
	「進捗報告のタイミングはどのように考えていますか？」	「ミーティングが決まったらご報告します。また，具体策が決まったら順次報告します」
	「応援しています。頑張ってください」	「ありがとうございます」

【CASE 3】 必要な資格試験が合格できない部下高橋さんに声をかけてみます

ある製薬会社では，TOEICのポイントを600点もっていないと役職につけない制度になっています。部下の高橋さんは試験を受けていますが，ポイントがのびずに悩んでいます。達成するためにはどのように導いたらよいのか，検討します。

	リーダー	部下
Goal 目標を明確にする	「高橋さん，TOEICの試験はどうですか？」	「なかなか点数が上がらなくて……」
	「自分の職務において，あなたが目標としているものは何ですか？」	「いまの役職を続けるためには，TOEICを600点持っていないといけません。600点を超えることを目標にしています」
	「目標が達成された時，あなたはどのような状態になっていると思いますか？」	「今の役職を続けることができますし，自信にもつながります」
Reality 現状・現実の把握	「目標に対してどのくらい進捗していると思いますか？」	「現在，450点です。ここから点数がのびません」
	「目標は現実的だと思いますか？」	「600点は決して無理な点ではないと思います」
	「そうか。ではなぜ，現状のような進捗状況になっていると思いますか？」	「圧倒的に勉強の時間が少ないのが問題です。また，要領を得ていないのも問題です」
	「150点足りませんが，どの位の時間で補えると思いますか？」	「今のペースですと，1年近くかかってしまいます。できれば半年でとりたいですが」
	「それでは，6か月で150点ですね」	「そうですね。1か月で25点あげればよいのですよね」

Resource 資源を発見する	「今までのやり方を，別の角度から考えてみたことはありますか？あるとすればどのようなものでしょう」	「まず，時間の捻出が必要です。夜は遅かったり，なかなか時間がとれません。朝早く起きて時間を決めて少しでもやれたら良いと思います」
	「短期間で達成するための時間（工数）を捻出する方法はありますか？」	「点をとるためにはコツを覚えたほうが早道だと言われます。短期の塾とかに通うと良いみたいです」
	「もっと効率的に達成できる他の方法はありますか？」	「TOEICのアプリがあり，それは自分の弱点を補う勉強ができるようです」
	「部内・社内で誰かに力を借りることはできますか？」	「社内でTOEIC800点以上の人にコツや勉強方法を教えてもらうのは良いですね」
Options 選択肢や方法を考える	「現時点で考えている方法を教えてもらえますか？」	「朝5時に起きて，毎日英文法を1時間勉強しようと思います。リスニングは通勤の行きにスマホで1時間聞こうと思います。帰りは英単語を覚えます」
	「他に考えられる方法はないですか？」	「さっそくTOEICのアプリをダウンロードしてみます」
	「もし要領の良い人だったらどんなやり方をすると思いますか？」	「何ができなくて点が取れないのか不得意な分野を分析して，TOEIC800点以上の人に勉強方法を教えてもらいます」
	「リソースを集中させるため止めるべきことはありますか？」	「勉強していると，情報サイトやSNS，動画を見てしまいます。しばらくはそれらを見ないように封印します」
	「どうやって封印しますか？」	「一旦，アプリを削除したり，ブックマークをはずしたりします。スクリーンセーバーに見ないよう注意喚起を書きます」
	「他の考えられる方法はないですか？」	「試験をたくさん受ければ慣れるので，いろいろなIPテストを受験します」

Will 意志の確認	「実際にアクションをおこすのは，いつからですか？」	「明日の朝から5時に起きて英文法を1時間勉強します」
	「高橋さん，素晴らしいですね。他に何をしますか？」	「今日家に帰ったら，PCで動画や情報サイトをみられないようにします。スマホの不要なアプリも削除します」
		「あと，IPテストを受けられるところが他にあるか探します」
	「目標を達成する具体的な行動計画を立ててみませんか？」	「はい，先ほどあげた方法をすべて実行するための行動計画を今日立てます」
	「途中で進捗を確認するなら，いつがいいかな？」	「1週間後に，状況の報告を致します」

7．目標達成マネジメント力を高める極意

　GROWモデルは，目標達成のための効果的なプロセスを設計する会話であり，成果を生み出すことができます。GROWモデルの適切な質問は，目標設定，現状と目標とのギャップを把握できます。部下がギャップを埋めるために必要なリソースを備え，行動を決定できるように促しましょう。

　部下の目標達成マネジメントでは，以下のポイントを念頭におくことをおススメします。

❶　答えは部下の中にある

　部下との関わりでは「答えは相手の中にある」を出発点とし，教えるマネジメントスタイルから，複数の視点をもたらし答えを引き出すスタイルへの転換が求められます。コーチングは人の可能性を発掘し，開花させることができるです[72]。

❷　リーダーの質問力の向上が部下を育てる

　リーダーは質問により，①部下に新しい気づきをもたらし，②視点を増やし，③考え方や行動の選択肢を増やし，④目標達成に必要な行動を促進します。リーダーはこれらを先導したり強制したりせず，効果的な質問により部下を導きます。

❸ 適切なプロセス設計が目標達成のカギを握る

　目標を達成できるプロセス設計は「いかに具体的で肯定的であり，実現可能なプロセスを検討できるのか」が，カギを握ります。現実を理解できず，具体策もなく曖昧な設計では，夢物語で終わってしまいます。

❹ GROWモデルを正しく活用する

　目標達成のためのGROWモデルを活用し，部下の目標を実現に導きましょう。効果的な質問を積み上げて，目標達成マネジメント能力を高めます。

　　G　【Goal：目標を明確にする】

　　　　目標を鮮明に具体的にイメージします。

　　R　【Reality：現状・現実の把握，Resource：資源を発見する】

　　　　現状・現実を具体的に把握し，目標とのギャップを明らかにします。また自分が何をもっているのかを考えて，現実的に使えるリソースを具体的に複数あげます。資源を増やすことは，最適なプロセスにつながります。

　　O　【Options：選択肢や方法を考える】

　　　　より多くの選択肢を考えて検討します。柔軟で効果的なやり方に気づくことは，部下が目標を達成するために欠かせません。この段階で正しい答えはわかりません。否定せずに制約なく案を見つけます。

　　W　【Will：意志の確認】

　　　　とるべき行動が決まったら，いつからやるのか？　質問により具体的なプロセス目標につなげます。自らが行動する部下の意志を確認しましょう。

注　■━━━━━━━━━━

1　（HBR，通巻420号，p.39）
2　（朝日新聞デジタル，2022.11.16）
3　（朝日新聞デジタル，2022.11.16）
4　（後藤，2019，p.195）
5　（森保・西岡，2023，p.15）
6　（後藤，2019，p.199）
7　（サンケイスポーツ特別版，2023.1.14号，p.6）
8　（森保，2014，p.119）
9　（森保，2014，pp.229-230）
10　（森保・西岡，2023，p.18）
11　（サンケイスポーツ特別版，2023.1.14号，p.36）
12　（サンケイスポーツ特別版，2023.1.14号，p.25）
13　（森保・西岡，2023，p.16）
14　（武石，2019）

86

15 （武石，2019）
16 （経済産業省，2023）
17 （武石，2019）
18 （森保，2014，p.55）
19 （森保，2014，p.104）
20 （森保，2014，pp.103-104）
21 （森保，2014，pp.55-56）
22 （伊藤，2002，p.34）
23 （五百藏，2023，p.152）
24 （五百藏，2023，p.212）
25 （森・西岡，2023，p.181）
26 （森保，2014，p.28）
27 （森保，2014，p.25）
28 （森保，2014，p.36）
29 （森保，2014，p.51）
30 （森保，2014，p.136）
31 （森保，2014，pp.101-102）
32 （ドラッガー，2001，pp.80-81）
33 （松尾，2019，pp.3-4）
34 （後藤，2019，p.200）
35 （森・西岡，2023，p.216）
36 （森保，2014，p.22，119）
37 （森保，2014，p.105）
38 （コーチ・エィ アカデミア）
39 （森保，2014，pp.53-54）
40 （森保，2014，p.148）
41 （森保，2014，p.157）
42 （森保，2014，p.198）
43 （森保，2014，p.85）
44 （宮越，2021，p.286）
45 （出江，2009，p.3）
46 （出江，2009，p.10）
47 （ジョセフ&アンドレア，2012，p.81）
48 （ジョセフ&アンドレア，2012，p.82）
49 （ジョセフ&アンドレア，2012，pp.74-75）
50 （ジョセフ&アンドレア，2012，p.81）
51 （出江，2002，p.4）
52 （出江，2002，p.4）
53 （ジョセフ&アンドレア，2012，p.82）
54 （宮城，2021，pp.74-75）

55　（伊藤，2002，p.53）
56　（宮越，2021，pp.102-103）
57　（ジョセフ＆アンドレア，2012，pp.82-83）
58　（伊藤，2002，p.71）
59　（出江，2009，p.6）
60　（ジョセフ＆アンドレア，2012，p.84）
61　（伊藤，2002，pp.76-77）
62　（ジョセフ＆アンドレア，2012，p.86）
63　（出江，2009，p.7）
64　（ジョセフ＆アンドレア，2012，p.86）
65　（出江，2009，p.8）
66　（伊藤，2002，pp.190-191）
67　（伊藤，2002，p.192）
68　（伊藤，2002，p.160）
69　（伊藤，2002，p.162）
70　（伊藤，2002，p.172）
71　（出江，2009，p.12）
72　（宮越，2021，p.286）

第3章
[THIRD STEP] 意思決定の癖を利用し望ましい行動を導く行動変容マネジメント
―稲盛和夫氏のリーダーシップ＆ナッジ理論MINDSPACE―

THIRD STEP
行動変容
マネジメント

サードステップでは，稲盛氏のリーダーシップとナッジ理論を通して，行動変容を導く効果的なアプローチ方法を修得します。

行動変容とは，目標やビジョンに向けて自発的に行動を変化させることを指します。自分自身や部下の能力を向上させ，仕事で成果を収めるためには，新しい習慣を身に付けたり，行動パターンを変えたりすることが求められます。行動変容を導くマネジメントは，組織や個人の成長に必要です。しかし，これまでの習慣を変えることは容易ではなく，行動変容は難しいと言われます。どうすれば自分や部下の行動を変容させることができるのでしょうか。

トップリーダー編では，京セラ・KDDIの創業者稲森和夫氏にフォーカスします。稲盛氏はビジネスを大きく成長させ，成功を収めています。これらの成功は利他の心で生きる強い意志により，挫折を味わいながらも乗り越えて手に入れています。中でも，戦後最大の負債を抱えて経営破綻に陥った日本航空（JAL）の再建は，不可能と言われるほど難解なものでした。その理由の1つに，破綻当初の日本航空は倒産に対する危機感や当事者意識が欠けており，社員の一体感もない点があげられます[1]。稲盛氏はそのJALに意識改革と行動変容をもたらします。トップリーダー編では稲盛氏のリーダーシップからマネジメントのヒントを探ります。

メソッド編では，行動経済学のナッジ理論をお伝えします。人はそれが合理的ではないとわかっていても，直感やその場の感情が影響して非合理的な意思決定（選択）をくだしてしまうものです。人間の非合理的な側面のインサイト

（心理の深層）や無意識の行動特性を理解することは，行動変容のマネジメントにつながります。

　サードステップを身に付ければ，**実現したい未来にむけて，部下の行動に変化をもたらすことができるでしょう。**

【サードトステップでフォーカスするトップリーダーとメソッド】

トップリーダー編		メソッド編
稲盛和夫氏 混迷の時代に人生を問い続け， 京セラ，KDDIを創業，JAL再建を果たした		**行動変容マネジメント能力** 意思決定の癖を利用し，望ましい行動を導く ナッジ理論　MINDSPACE

【サードステップであなたができるようになること】

■　情報の伝え方を工夫することで，部下の意思決定（選択）が変わります。

■　強制的な命令や指示などを使わずに，部下を適切な方向へ誘導できます。

■　部下が時間をかけずに，直感的に指導を理解できるようになります。

■　部下の意思決定を改善し，パフォーマンスを向上させることができます。

【こんなビジネスパーソンはいませんか？】

　あなたの周りにこんなビジネスパーソンはいませんか？

■　プロジェクトで成果が出ずに時間ばかりかかっているものの「ここまでプロジェクトを進めたのだから，あと少し結果が出るまでやらないと今までかけた時間がもったいない」と，なかなか止める決断がつかない人

■　素晴らしい商品・サービスを提示されても，新しいものを選ばずに結局いつもと同じ商品・サービスを選んでしまう人

■　スケジュールを守るように伝えているが，いつも予定がずれてしまい，期限を守れない人

サードステップ【トップリーダー編】

　稲盛和夫氏は経営の神様として多くのメディアで生き方や経営哲学が語られています。みなさまもその輝かしい成功やその内容を耳にしたことがあると思います。稲盛氏は世界的企業である京セラや第二電電（現KDDI）を創業しています。特に，経営破綻に陥り二次破綻も必至と言われた日本航空（JAL）をV字回復に導き，再上場させたことは偉業と讃えられています。まさに日本経済に大きく貢献した1人でしょう。

　経営破綻に陥った当時のJAL幹部をはじめ社員は，エリート意識やエアラインは特別な乗り物だという潜在意識にとらわれていたことが批判されます。実際に運航本部長の植木氏は「空港のターミナルでゲートに行くまでの間，何百人というお客様とすれ違うが，パイロットの誰もが挨拶をしたことがなかった。考えればこれからJALにお乗りになるお客様とすれ違っているのに知らん顔して歩いている。どう考えたってお客様商売ではない[2]」と，当時を振り返ります。そもそも破綻前のJALでは「営業・販売」という表現はあったものの「商売」という言葉は使われておらず，商売をすること自体，かつてのJALにはカッコ悪いことであるという認識が当たり前になっていました[3]。旅客販売統括本部の岸部マネジャーも「本当に甘かった。当たり前で誰もが頭でわかっていることができなかった[4]」と語っています。運航乗員部長の小川氏は「正直申し上げて，私を含めて周りの者も会社がつぶれるとまで思っていませんでした」と振り返ります。多くの人が，今まで通り安全運航を続けていれば会社は大丈夫だと思っていたのです[5]。

　大企業病が蔓延するJALでは「自分たちは大丈夫なのだ」という意識が非合理的な判断を生み，大きなバイアス（偏見・先入観）が働いていたことが考えられます。この大企業病からくるバイアスはリスクを過少評価し，重大なリスクを軽視します。バイアスは誰もが持つものであり，意思決定に大きく影響します。楽観バイアスは不都合な要因を過小評価する特徴があります。自分の能力を実際よりも高いと思い，自分の立てた目標を実際以上に達成可能だと考えます。そして自分は将来を適切に予測できると過大評価し，結果として楽観的

な自信過剰に陥ってしまいます[6]。人は危機や異状に直面した時，現実を受け止められず楽観視してしまう傾向にあるのです。稲盛氏はJALに関わる人々の大きなバイアスをどのように回避して意識を改革し，行動変容に導いたのでしょうか？

　サードステップ【トップリーダー編】では，その点にフォーカスして稲盛和夫氏のリーダーシップから行動変容マネジメントの秘訣を探ります。なお，本章のトップリーダー編で示された事柄の理由（ある意味の答え）は，メソッド編で解き明かします。メソッド編では様々なバイアスや行動変容を促すナッジ理論を説明します。トップリーダー編とメソッド編の両方を照らし合わせていただき「あぁ，こういうバイアスが働いていたのか」と理解してもらえることを願います。

1．稲盛和夫氏の生き方「利他の心で生きる」

　稲盛和夫氏は鹿児島県鹿児島市に生まれ，鹿児島大学工学部応用化学科で有機化学を専攻します。卒業時に教授の紹介で松風工業に就職し，ここでセラミックスの研究開発をはじめ，27歳で京都セラミック（現京セラ）を立ち上げて次々と事業を拡大していきます。

　稲盛氏はモノづくりについて「製品には作った人の心が表れる」との信条をもち，仕事に取り組んでいます。粗雑な人が作ったものは粗雑なものに，繊細な人が作ったものは繊細なものになるのです[7]。

　この思いは製造だけではなく，すべての業務に通じることであり，人材育成も同じだと言えるでしょう。人の思いは様々なところに影響を与えるものです。部下も丁寧かつ熱心に育てることにより，優秀な人材に成長するでしょう。

　稲盛氏は常々，**事業には「大義」が必要だと語っています**[8]。**ここで言う大義とは個人の利害や個別企業の都合ではなく，広く社会の立場に立って課題解決する大きな志のことを意味します。**通信業界の自由化に伴い，競争原理を入れることで日本の電話料金を安くするという大義のもと，稲盛氏は第二電電（現KDDI）を設立します。第二電電の設立にあたっては欲に駆られていないか，自分がやりたい動機は何か，何度も何度も心の中で問い続けたそうです。私心

は不純物であり，いくら大義があっても，そこに私心があればうまくいかないことはわかっていたからです[9]。成功を遂げた第二電電は後にDDI，KDD，IDOとの合併により，KDDIに生まれ変わり，さらに高収益企業に成長します[10]。

　そして2010年，ナショナル・フラッグ・キャリアの使命を果たしてきた日本航空および同グループ（以下JAL）は，運命の大型倒産に直面します。長年にわたる政治との癒着，脆弱な企業体質が形成されてきたJALは，米国同時多発テロなどをきっかけにリーマンショックや燃費高騰が追い打ちをかけ，2010年1月19日，会社更生の手続きに入り経営破綻します[11]。

　当時JALは適正な人事政策，路線計画，効率的な機材配置をすすめなければならない課題をかかえていました。それにもかかわらず，問題はすべて先送りされていたのです。**この幹部や社員による先延ばし行動は，本章メソッド編2項（9）（132頁）に示す現在バイアスが影響していると考えられます。このバイアスは，未来の利益よりも短期的な現状の利益に大きな価値を見出す特性があり，JALの幹部や社員はその典型的なバイアスにとらわれていたのでしょう。**

　バイアスは直感的思考が影響しています。バイアスを取り除くためには，直感的な思考に自分の判断が支配されないように，意識的に熟考的な思考を使う必要があります。理性的な判断や選択ができるように思考をマネジメントするのです。意識的に熟考的思考を使用すると，直感的思考の働きは抑制されます[12]。この直感的思考と熟考的思考の両方をバランスよく適切にマネジメントして，JALの奇跡的な再生を担ったのが稲盛氏なのです。

　史上最悪の状況におかれたJALの企業再建は，京セラ名誉会長であった稲盛氏に委ねられます。この再建を引き受ける大義は「一企業を救うことにのみならず，日本経済にとって大きな救いになる」ということです。稲盛氏は管財人としてわずか2人の京セラグループ役員を伴い，JAL会長に就任して再建に着手します。稲盛氏は運輸業の経験はありませんでしたが，自らの経営哲学を基盤としたフィロソフィとアメーバ経営と称する経営システム（管理会計手法）を携え，乗り込んでいったのです[13]。**JAL全社員の意識を変えたのは，稲盛氏が築いてきた京セラフィロソフィだといえるでしょう。この再建では「意識が変われば行動が変わる」ことが証明されます。**

　稲盛氏は会長就任後1か月半の会見で「私は慇懃無礼なJALが嫌いでした」と，厳しい発言をします。これは就任直後に幹部たちを集めた席でも，テレビのインタビューでも伝えられています。この発言はJAL社員に不快な思いをさせたようですが，これは稲盛氏の偽らざる言葉であり，JALの破綻を招いた根底にある原因だと考えていたからなのです[14]。

　一般的には会社がつぶれると業務もストップします。しかし何事もなかったように破綻後も飛行機は飛んでおり，実感がわきにくかったのでしょうか。破綻当初のJALは倒産したことに対する危機感や当事者意識が欠けており，社員の誰もがつぶれるとは思っていませんでした。社員の一体感もなく，世間ではJALの再生は誰がやってもできない，再建は不可能だと言われていました[15]。

　ひどいことに，JALの幹部には採算意識が全くと言ってよいほどありませんでした。安全のために全ての経営資源を集中させる，乗客の安全こそがJALの使命であり，利益を出すことは二の次だとの雰囲気が蔓延していたのです。幹部は経営に余裕があって，初めて安全が担保できることを理解していなかったのです[16]。

　JALはナショナル・フラッグ・キャリアとしてもてはやされていたエリート集団であり，官僚の天下りも大勢受け入れてきました。そのため悪い意味での官僚的体質があり，企業としての基本的な哲学，企業文化が欠落していたのです。あるのはエリート意識とプライドだけ，これは稲盛氏が就任当初に抱いた正直な印象です[17]。

　これまでも稲盛氏は過酷な状況下で，比類ないリーダーシップを発揮してきましたが，リーダーにとって最も大事なことは公平無私であると考えています。どんな組織であっても，リーダーの資質で最も大事なことは，己を捨てることです。リーダーが利己的な自分を少しでももてば，組織を間違った方向に動かす危険性が生じます。そして部下を褒めたり叱ったりする場合は，公平であることが大原則です。好き嫌いによって評価や態度を変えるリーダーでは部下に信用されません。リーダーが公平無私であることは，人を動かす原動力になるのです[18]。

　何よりも稲盛氏は利他の心を重んじて生きてきたことが伝わります。**私たちの心には「自分だけがよければいい」と考える利己の心と，「自分を犠牲にし**

ても他の人を助けよう」とする利他の心があります。この利他の心は，何も経営だけに当てはまることではなく，教育を行う場でも，ありとあらゆる局面で大切な判断基準となります。利他の心で判断することは，本来は悟りを開いた聖者，聖人にしかできないことです。つまり「利他の心」の究極の境地とは「悟りの境地」なのです。利他の心で見れば，それが欲にかられたことなのか，いかがわしい話なのか，裏側まで全部が見えます。そのためにも，利他の心を持つことは大事なことなのです[19]。

　それでは悟りの境地とは程遠いところにいる，わたしたちの多くはどうしたら利他の心をもつことができるのでしょうか。実はそれは簡単に持つことができます。電車の車内で思わず杖をついたお年寄りに席を譲った経験はありませんか。あるいは，もしも街頭で倒れている人を見かけたら，何かしないまでも「何かしなくちゃ」という思いにかられることがあるでしょう。つまり私たちの心の中には利他の心が本能的に備わっており，そのことを想い出すだけでよいのです。ゴミを拾う，運転で道をゆずる・待つなど，すぐ簡単にはじめられることはたくさんあります。

　この利他性は，本章メソッド編2項（4）で示す社会的選好（選択の好み）（118頁）の1つです。人間は極めて優れた動物です。人は社会的な選択において自分だけが得するのを避けて他者の利得を尊重する利他性の傾向があり，利他性は人の意思決定において重要な要素なのです。

2. フィロソフィを浸透させ，ミッションを掲げて夢を実現する

　リーダーのみなさまは，部下の意識改革を試みることが多いのではないでしょうか。JALの業績が回復した要因の1つに，フィロソフィの浸透が意識改革につながり，士気があがったことが考えられます。稲盛氏はJALのような会社が再建を果たすには，まずは全社員が考え方を変えるしかない，意識を変革してもらわなければ再建は不可能だと考え，京セラフィロソフィをJALに持ち込みます。

京セラフィロソフィは稲盛氏が半世紀以上にわたる経営の実践の中で導きだ

した哲学であり，4つの要素から成り立っています。

　第1は「会社の規範となるべき規則，約束事」

　第2は「企業が目指すべき目的，目標を達成するために必要な考え方」

　第3は「企業にすばらしい社格を与える」

　第4は「人間としての正しい生き方，あるべき姿」

　JALにおいて，フィロソフィは幹部だけではなく一般社員への教育にも導入されます。現場の最前線でお客様と接する社員の意識が変わらなければ，航空会社は絶対によくならないと考えたためであり，稲盛氏自身が現場に出かけ，直接社員に語りかけます[20]。それこそ信念をもって懇々と説くしかありません。すると，そこからドミノ倒しのように一気にフィロソフィが浸透していったのです[21]。

　人は求めたものだけが手に入る，という人生の法則があります。心が呼ばないものは自分に近づいてくるはずがないということを，稲盛氏は信念として強く抱いています。心が呼ばなければ，やり方も見えてこないし，成功も近づいてきません。まずは強くしっかりと願望することが重要なのです。さらに強く思うだけでなく，実現へのプロセスを頭の中で真剣に幾度も考え，シミュレーションを繰り返すのです。すると成功への道筋があたかも一度通った道であるかのように見えてきます。完成形がくっきりと見えるようになるまで，事前に物事を強く思い，深く考え，真剣に取り組まなければ創造的な仕事や人生での成功はおぼつかないということです[22]。

　本章メソッド編2項（9）（132頁）では，先延ばしバイアスを防ぐための方法（コミットメントデバイス）を示しています。その1つに実行意図があります。目標を達成するためには，実行すべき行動を明確にする必要があります。具体化することで達成確立が高くなるのです。稲盛氏も目標を達成するためにやるべきことを明確にして，多くの課題を実現していったのです。

3．人間の無限の可能性を信じる

　稲盛氏は人間の能力の可能性を追求する，無限の能力を信じる必要性を説いています。仕事において新しいことを成し遂げられる人は，自分の可能性を信

じることのできる人です。何かをしようとするとき，常に自分自身のもつ無限
の可能性を信じ，勇気をもって挑戦するという姿勢が大切です[23]。新しいこと
を成し遂げられる人は，自分の可能性をまっすぐ信じることができる人なので
す。あきらめずにやり通せば，成功しかありません[24]。いっけん無理だと思え
る高い目標もひるまず情熱を傾け，ひたむきな努力，研鑽を惜しまない。その
ことが眠っていた潜在能力を開花させるのです[25]。

　これは部下に対しても同様です。稲盛氏は部下に対して「君も私と一緒に
なって会社の経営を考えてくれ。私1人で経営をやっていくのは不安だから，
君の知恵を貸してくれ」と言って部下の可能性を信じ，経営への参加を求める
のです。すると「社長は私をそんなに買ってくれているのか」となって「それ
ならば，自分もこの会社がうまくいくために一生懸命に考えよう」と，積極的
に関与するようになるのです[26]。

　**部下の可能性も，自分の可能性も信じる。また部下に期待を抱き，それを表
現することで部下の能力が向上するのです。**本章メソッド編2項（10）（137頁）
で示すピグマリオン効果は，他者から期待されることによって成果があがる現
象を指します。他者から期待を受けることは，その期待に沿った成果を出すこ
とにつながります。

4．常に人として正しい判断を

　企業においてコンプライアンス遵守を徹底することは常識です。法令違反や
不正などが起こる組織には長年にわたって染みついた風土があり，体質改善が
できないケースがあります。過去には証券会社の不正損失補填問題や食品偽装
問題，不正会計に品質データ改ざん，保険金不正水増し請求など，挙げればき
りがないほど企業による不正がメディアで取り上げられています。当事者たち
は，なぜ不正による企業へのダメージを予測できなかったのでしょうか？

　会社の経営でも，組織の運営でも，ビジネスリーダーには非常に厳しい判断
を迫られる状況や局面があります。そのときに正しい判断をするための基準を
持つことは非常に大事なことです[27]。問題に直面したときに決断するのが会社
や組織のリーダーの役目です。**いろいろな戦略・戦術がある中で，何を取捨選**

択して会社を経営していくかは，リーダーの価値観や判断基準にかかってきます[28]。

　京セラを創業した当初，経営の経験や知識がなかった27歳の稲盛氏は，どうしたら会社を発展させることができるのか？　悩みに直面します。そのとき思いついたのが「人間として何が正しいのか」と自らに問い，正しいことを正しいままに貫いていくことでした。例えば「威張るな」「だましてはいけない」「うそを言うな」「正直であれ」といった教えです。そのような普遍的な倫理観に基づいて，すべてのことを判断することにしたのです[29]。

　非常に単純な判断基準が物事の本質をとらえ，常に正しい判断を導くものになったのです。常に人間として何が正しいのかを自分自身に問い，人生を生きていく中で生まれた考え方が京セラフィロソフィです[30]。つまり「人間として正しいことを正しく遂行する」ということを根本にした精神なのです[31]。常に道理に合った決断ができるようエゴを抑え，心を整える努力を怠らないことが求められるのです[32]。この明快な判断基準があればこそ，稲盛氏は京セラやKDDI，JALの経営において判断を誤ることなく，それぞれの会社を成長発展へと導くことができたのでしょう[33]。

　本章メソッド編2項（4）（118頁）では，ノーム（規範）について示しています。人は集団から非難されたくない欲求をもっており，規範を守ろうとする特性をもっています。自分の行動が他者の行動と乖離していると，遵守すべき社会規範を守れていない居心地の悪さを感じるのです[34]。正しいことを正しく遂行することは，人が本質的にもっている特性なのです。

5．直感に響く情熱で人の心を動かし，財政面は合理的に改革する

　優良企業を創業し，困難な再建を果たしてきた稲盛氏が，部下を育て事業を成し遂げてきた根本にあるものは，人の心を動かす直感に響く情熱と，合理的に財政面を改革する両輪にあるのだと考えます。だからこそ関わる人々が意識を変え，行動を変容させたのでしょう。本章メソッド編2項（8）（130頁）で示すアフェクト（感情・情動）は，人間の行動が感情によって影響することを

指します。感情ヒューリスティックは，人が感情反応に基づいて判断や決断をくだす特性です。人間は感情の動物であり，人の熱い思いで心もからだも動くのです。だからこそ，再建への強い気持ちをJAL全スタッフにもたらすためには，感情に訴えて心を奮い立たせるのです。一方，財政面の改革では感情・感覚を排除し，合理的に進める必要があるのです。

　稲盛氏はテクニックやスキルだけでは，改革は長続きしないことを実感しています。稲盛氏の根本的な思想には「人を愛する」思いがあります。哲学の根底にずっと培ってきたもので，愛というものがベースになければ，どんなに優れた戦術戦略を練ろうとも，テクニックで会社を良くしようと思っても，それは長続きするものではないのです[35]。

　JALの再建にあたり，稲盛氏は自分自身の姿勢が社員の心を揺り動かしたのではないかと考えています。無給で会長職を引き受け，高齢でありながら全身全霊を傾けて再建に取り組んだ姿勢が有形無形の影響を社員に与えたのだと振り返っています[36]。

　そして傾いた経営を立て直すためには，合理的な視点と行動が必要なのです。稲盛氏は破綻前のJALは，幹部も社員も数字に関心がなかったことを問題視しています[37]。会計数字は飛行機のコックピットにある計器の数値にあたるもので，経営者を目標まで正しく到達させるためのインジケーターの役割を果たしていることを，稲盛氏は日頃から説いていました[38]。それに社員が応えていきます。再建に向けて飛行機1便の収支に至るまで，パイロットにも「数字の見える化」が浸透していくのです。これが京セラから持ち込んだ「アメーバ経営」です。

　アメーバ経営は部門別採算制度であり，組織を小さな単位に分けて収支と経費の差がその部門の利益になるという，全員が経営者意識を持つためのシステムです[39]。

　そもそもJALでは，月次決算はJAL本体の単体決算しか行っておらず，連結決算は四半期ごとの決算発表に合わせていました。路線別収支は3か月まとめて経営陣に報告するにとどまり「路線別収支にスピード感は求められていなかった」と，当時の経理部長榎原伸一氏は振り返ります[40]。連結ベースで揃えるといっても，口で言うほど簡単なことではありません。しかしそれから間も

なく連結決算が翌月に把握できるようになり，その後，路線1便ごとの収支も翌日にはわかるようになります[41]。

　稲盛氏は京セラ時代，財政面の数字の開示は働くすべての人に必要だと考え，生産ラインで働くパートの人たちにも情報を伝えていました。もちろんJALでも同様に財政面の数字を開示します。情報開示は現場の社員が一生懸命働くことで，どういう結果を招いたのか？　どういう結果を会社にもたらしたのかを知ることができます。**がんばれと言うだけでは，モチベーションはあがりません。透明性の高さがやる気を生み，経営陣の利己心をも封じるのです**[42]。

　アメーバ経営はすぐに効果を発揮します。稲盛氏の手腕により，JALは会社更生の手続きからわずか2年後の2012年3月期に過去最高の2,049億円の営業利益を稼ぎ出すまでに業績を回復させます。そして2012年9月19日に株式の再上場を果たしたのです。上場廃止から再上場までわずか2年8か月，これほどの短期間で再上場にこぎつけたのは，ある種の奇跡といってよいでしょう。そもそも経営破綻し，上場廃止になった企業がカムバックするのは容易なことではありません[43]。稲盛氏のオフィシャルサイトでは，アメーバ経営が社員に採算意識をもたらし，組織風土を根本から変革させ，JALの経営改善に大きな効果を発揮したことが記されています。

　稲盛氏はJAL再建について次のように振り返っています。人生の最後に，すばらしい経験をさせてもらいました。美しく優しい思いやりの心で，一生懸命努力さえすれば，人生はどんな困難なことでも奇跡が起こるみたいにうまくいくのだということを体験させてもらいました。「お前がやっていること，それはまさに正しいんだよ。みんながそのことに気がついて変わってくれたら，世の中はみな，どなたもすばらしい人生が得られる。それをお前さんに証明させてあげようと思う」といって，自然界が私にそれを証明させてくれたのではないかと思っています[44]。

　奇跡的な大型倒産企業の再建を果たした稲盛氏は，2022年8月24日，京都市伏見区の自宅で濃密な90年の人生を静かに閉じます。

6．トップリーダー稲盛和夫氏から学ぶコミュニケーションマネジメントのヒント

　稲盛和夫氏のリーダーシップから学ぶコミュニケーションマネジメントのヒントをまとめます。

❶　利他の心で生きる

　人は自分のことを第1に考えがちです。心に余裕がないと，利己の心は強化されます。利他の心が部下の意識を変え，行動を変えるのです。

❷　人として正しい判断をする

　リーダーにとって大事なことは公平無私であり，人を動かす原動力になります。人間として正しいことを正しく遂行することが，正しい判断につながるのです。

❸　可能性を信じ切る

　新しいことを成し遂げられる人は，可能性を信じ切ることができる人です。あきらめずにやり通せば，成功しかないのです。

❹　直感に響く情熱で人心を動かし，合理的に財政面を立て直す

　何かを成し遂げるためには，人の心を動かす直感に響く情熱と，合理的に財政改革を実践する両輪が必要なのです。そして情報の透明性の高さがやる気を生み，利己の心も封じるのです。

サードステップ【メソッド編】

1．脳が楽な道を選ぶ非合理的なわたしたち─行動変容のためのマネジメントを探る

（1） 私たちの脳の中に登場する直感的な思考と熟考的な思考

　リーダーのみなさまは，様々な場面で日々意思決定をくだしています。これらの選択において，人は誰もがしばしば非合理的な判断をしてしまうものです。

　伝統的な経済学で想定している人間は，自分の利益を最大化できるよう合理的に行動すると考えられています。**合理的とは論理に整合性があり，風習や迷信にとらわれず無駄がないことを指します。一方，非合理的とは論理ではとらえられないものであり，感情や感覚，経験に基づいて判断をすることです。**みなさまも，非合理的な判断をしてしまうことはありませんか？

　仕事において，ながく進めてきたものの結果が出ず，コストがかかっているプロジェクト。そんなときは「ここまでプロジェクトを進めたのだから，あと少し結果が出るまで進めてみよう…」と，今まで投資した時間を惜しみ結果が良くないのにそのまま進んでしまったり，判断が遅れたりした経験はありませんか？　合理的に考えれば，プロジェクトを一旦中止して再検討するほうが，リスクを低く抑えられます。また営業や取引などにおいて，テレビで特集された成長企業や有名な投資家が推奨した企業は，自ら企業情報を詳しく調べることなく信頼してしまうことがあるかもしれません。

　プライベートでは，インスタグラムでインフルエンサーが美味しいと言っていたお店を見つけたとき，良いお店だと信頼して思わず入ってしまう。食べ放題では「元を取ろう」と，おなかが一杯でも食べてしまう…。

　人はいつも合理的に考えているわけではなく，雰囲気や感情に流されて行動してしまうのです。そう，非合理的な行動は誰にでもあることです。だからこそ，人の非合理的な面に目を向けてマネジメントする必要があります。人は多くの場合，直感的な思考に導かれて生活しています。この直感的な思考は感情

的な印象，感覚，傾向や経験などが優先しているのです。

　経済学に登場する人間は，自己の経済的利益を最大化することを唯一の行動
基準として合理的な行動をする「合理的経済人（ホモ・エコノミカス）」とモ
デル化されています。合理的経済人は強い自制心をもちリスクを正しく考えら
れ，認知能力が高いのです。つまり人は日々直面するすべての選択肢について
価値を計算し，最善の行動をとることができるはずです[45]。

　ところが現実では，人は計画通りに行動できずに後悔したり，得にならない
ことをしたりします。将来の得よりも現在の利益を重視してしまうこともある
でしょう。そのため**行動経済学では，人間は非合理的であり情報や感情に流さ
れて動くことを前提として意思決定を考えます。つまり行動経済学は経済活動
における人間の心理の深層や行動の本質に触れる学問なのです。**

　非合理性[46]を理解することは毎日の行動と決断に役立ち，わたしたちを取り
巻く状況や選択肢を理解するうえでも重要になります。この非合理性はいつも
同じように起こり，何度も繰り返されます。いかに予想通りに非合理なのかを
知ることは，よりよい決断をしたり，社会生活を改善したりするための出発点
となるのです[47]。

　行動経済学への貢献が評価され，2002年にノーベル経済学賞を受賞した，米
国のプリンストン大学名誉教授で心理学者・行動経済学者のダニエル・カーネ
マンによると，人は直感的（Intutive）な思考と熟考的（Reflective）な思考を
もち，状況に応じて使い分けています。直感的思考は経験則的で情緒的な情報
処理を行い，直感的な印象や感情を重要視します。一方，熟考的思考は分析的
な思考であり，規範的で論理的な情報処理を行います。カーネマンは脳の中に
ある2つの情報処理システムをシステム1（直感的思考），システム2（熟考
的思考）と呼んでいます[48]。

　この2つのシステムは，状況に応じて1と2がそれぞれの役目を担います。
人は誰でもほとんどの場合システム1である直感的思考の印象に導かれて生活
しています[49]。しかし困難に遭遇すると，システム2である熟考的思考に発動
命令がくだされて問題解決を行うのです[50]。

　例えば，人は難しくないルーティン業務をしているとき，直感的思考で業務
をこなしています。しかしトラブルがおこったり，難しい問題に出くわしたり

するなど判断問題が発生したときは，熟考的思考をフル回転させて情報を収集し，どう対処するべきか判断するのです[51]。

　熟考的思考は脳のエネルギーを多く使います。人は脳の負荷を最小限にしてエネルギーを温存するよう効率的に意思決定するため，**日常において，まずは直感的な思考を使います。人間はエネルギー効率を考えて，最終的に最も少ない努力ですむ方法を選ぶのです**[52]。

　人は残念なことに判断や選択においてエラーを起こします。エラーの中でも特定の状況で繰り返し起きる系統的なエラーはバイアスと呼ばれます。バイアスは予測ができるのです[53]。

　人は難しい判断をくだすにあたり，似たものを探して単純化ヒューリスティック（近道の解決法）を使えば，簡単に選択することができます[54]。ヒューリスティック（Heuristic）とは，問題の解決や不確実な事柄に対して判断をくだす必要があるけれども，明確な手がかりがない場合に用いる便宜的あるいは発見的な方法のことです[55]。ヒューリスティックに頼ると，答えには予測可能なバイアスがかかってしまいます[56]。つまりヒューリスティックは経験や先入観などから直感的に答えを出すことです。バイアスはヒューリスティックによって判断する中で起こるエラーです。これらは直感的な思考の仕業なのです。

　直感的思考には２通りあります（**図表3－1**）。

【直感1】　脳が楽な道を選ぶ「ヒューリスティック」の働きによる直感

【直感2】　長年培われたスキルや専門知識に基づく直感，の２種類です。

　【直感1】 は動物に共通する先天的なスキルであり，バイアスが影響する思考・活動です。人間は周囲の世界を感じ，モノを認識し，注意をむけ，損害を避けるように生まれついているのです。

　【直感2】 の先天的でない思考・活動は，長年の訓練を通じて高速かつ自動的にこなせるようになったものです[57]。熟考的思考の複雑な認知操作は，熟練とスキルが習得されるにつれて経験となり，最終的には熟考的思考から直感的思考に移行します。

　図表3－2 に示したものは，直感的思考と熟考的思考の行動例です。難しそうなことは，熟考的思考が担当しています。

　思考の特徴を活用したマネジメントは，部下の行動変容の参考になります。

【図表3-1】　システム1とシステム2

システム1：直感的（Intuitive）な思考

経験則的，感情的な情報処理が行われ，自動的に高速で働く。
直感的，連想的，迅速，並列処理，労力がかからない等の特徴

直感的思考は2通りある。
【直感1】脳が楽な道を選ぶ「ヒューリスティック」の働き
【直感2】長年培われたスキルや専門知識に基づく直感

システム2：熟考的（Reflective）な思考

分析的，規範的で論理的な情報処理が行われ，困難な知的活動に注意を割り当てる。統制的，直列処理，規則支配的，労力を要するといった特徴

出所：カーネマン［2014］上，p.27, 41を参考に筆者作成

【図表3-2】　直感的思考と熟考的思考の行動例

【システム1：直感的思考の例】

- 2＋2の計算をする
- ぶらぶら歩く
- 大きな看板に書かれた言葉を読む
- 空いた道路で車を運転する
- 突然聞こえた音の方角を感知する
- 簡単な文章を理解する

【システム2：熟考的思考の例】

- 17×24の計算をする
- 歩く速度を速いペースに保つ
- あるページにaの文字が何回出てくるか数える
- 狭いスペースに車を駐車する
- 突然，音が聞こえた方角へあえて振り向かないようにする
- 複雑な論旨の妥当性を確認する

出所：カーネマン［2014］上，pp.42-45を参考に筆者作成

（2） 人間の心理や行動の本質に触れるナッジで行動を誘導する

　米国の行動経済学者でシカゴ大学教授のリチャード・セイラーは，自身が唱えたナッジ（Nudge）理論で2017年にノーベル経済学賞を受賞します。受賞は，経済的な意思決定についての分析に心理学的で現実的な見地を取り入れ，非合理性や社会的な嗜好，自制心の欠如によって，人間がいかに個人の判断や市場の結果に影響を与えるかを系統立てて整理したことが評価されたものです[58]。

　ナッジは「肘でそっと突く，後押しする」という意味であり，バイアスを読み解いて人の意思決定の癖を利用し，選択しやすいように気づかせる誘導を示します。ナッジは直感的思考が大きく影響しており，選択を禁じることも，経済的なインセンティブを大きく変えることもなく，人々の行動を予測可能な形で変える選択アーキテクチャー（環境設計）のあらゆる要素を意味します。この選択アーキテクチャーとは，行動科学を活用し，設備構造や情報の見せ方を設計することで，人々の行動を望ましいほうへ導く設計のことです。ナッジは命令ではありません[59]。**ナッジは行動科学の知見（行動インサイト）を活用して，人々が自分にとってより良い選択を自発的にとれるように手助けをする方法なのです**[60]。

　英国を含む英語圏の政府や自治体では，ナッジよりも行動科学や行動インサイトという言葉を用いています。行動科学とは人間の行動を実証的に研究し，その法則性を明らかにしようとする科学の領域です。行動インサイトは人間がどのように選択を行うかを明らかにするアプローチを意味します[61]。

　Google社ではスタッフの健康を考えて，ナッジを取り入れています。ニューヨークオフィスのカフェテリアにはバラエティに富んだ美味しいメニューがたくさんあります。しかしスタッフが食べすぎて太ってしまう傾向が問題になります。そこで健康的な食事を自発的に選択するためのナッジが仕掛けられます。

　デザートコーナーでは，キレイな色のフルーツが手前に置いてあり他のメニューよりも先に目に付くよう工夫されています。一方，ケーキは目立たないところに置いてあります。人が無意識に目に付くものに注目して選択する行為を利用して効果をあげるのです。この場合，フルーツを目の高さに置くことはナッジであり，ケーキを禁止するなど選択肢を排除したり「これは不健康です」

と書いたりすることはナッジと言えません[62]。ナッジは人の意思決定の癖を利用した選択肢の提示手法なのです。これは部下の行動変容を促すことにも応用できます。

　ナッジは情報やプロセスの簡易化，選択肢をより魅力的なものにする，社会的規範や周囲の人の力を借りる，タイムリーに情報を伝えるなどといった方法を用いることで，部下の意思を尊重しながら，その行動をすることができない，または止めることができない原因となる摩擦を減らすことができるのです[63]。

　部下に指示や指摘を直感的に理解してもらうためには，**部下に対して「教える」スタンスから，「感じる・記憶に残す」ことに注力して伝えることがポイントとなるでしょう。記憶に残るアプローチは意思決定の癖を利用して伝えるため，自然と行動変容を導くことができるのです。**

（3）　英国政府公式ナッジユニット「The Behavioural Insights Team」

　ナッジは人間の非合理性を活かして行動変容を促す方法です。人はこれまでの経験や意思決定の癖から，必ずしも合理的でない行動をとります。ナッジはそれらを前提として設計します[64]。

　行政では，肥満の改善や禁煙などの健康に関する場面や納税，各種申告，環境保護などにおいて，本人や社会にとって望ましい行動を後押し，生活や社会活動の効率化を図りたい場面が多く存在します。しかし一般的な情報提供だけでは行動変容を促すことが難しく，行動変容を促すためのインセンティブには高額な費用がかかるという課題があります。

　英国はナッジの活用が課題を効果的に解決できることに着目します。そこでナッジユニットThe Behavioural Insights Team（BIT）が内閣府内に期限付きで設置され，世界の政策課題について行動経済学の知見を用いた解決を目指します。なんとBITは運営にかかった経費の22倍にのぼる増収や経費節減など，財政効果を出すことに成功するのです。これらの成果が認められて慈善団体Nesta（旧英国立科学技術芸術基金）が期限付きだったBITの100％株主になり，その後も社会的使命の推進に役立つ活動は継続できることになります[65]。

　BITが関わる分野は，犯罪防止や安全，教育，環境・エネルギー，平等やダ

イバーシティ，政府，健康，国際開発，自治体サービス，慈善活動，税金，労働・経済，消費行動と多岐にわたっています[66]。これらをはじめ，様々な場面で行動変容のためのナッジが活用されています。

2．人間の行動に影響を及ぼす9つの行動特性 MINDSPACE（マインドスペース）

（1） ナッジのフレームワークMINDSPACE

BITの前身であるInstitute for Governmentはナッジを用いたフレームワークMINDSPACEをまとめ，人間の行動に影響をあたえる9つの要因を指摘しています（**図表3-3**）。

MINDSPACE（**図表3-3**）は人の9つの行動特性を表し，Messengers（メッセンジャー），Incentives（インセンティブ），Norms（ノーム），Defaults（デ

【図表3-3】 MINDSPACE

				MINDSPACE
M	Messengers	メッセンジャー	伝える人	誰が情報を伝えるかに大きな影響を受ける 権威のある，あるいは重要な人からの情報に影響を受ける
I	Incentives	インセンティブ	誘因	損失を強く回避するなど，予測可能なインセンティブに直感的に反応する。得をするより損をするのを避ける その行動をとらないと損するように思える
N	Norms	ノーム	規範	周囲の人がすることに強く影響される 他の人がやっていること（社会規範）に影響を受ける
D	Defaults	デフォルト	初期設定	あらかじめセットされた選択肢に流されやすい あらかじめ設定されたもの（初期設定）に従う
S	Salience	セイリエンス	顕著性	斬新なもの，自分と関係がありそうなものに注意が向く 目立ったり，自分に適していると思うものに惹かれる
P	Priming	プライミング	先行刺激	事前に見聞きしたことなどによる潜在意識に影響される 潜在意識が行動のきっかけになる
A	Affect	アフェクト	感情	感情への問いかけは行動に強力に影響する 感動するものに惹かれる
C	Commitment	コミットメント	約束	公に宣言した場合や，互恵的な関係がある場面では行動を起こしやすい約束を公表すると実行する
E	Ego	エゴ	自我	自分自身をよく見せるために行動しやすい 自分に都合の良い，あるいは心地よいことを行う

出所：Dolan et al., 2010, Chengwei et al.［2017］を参考に筆者修正

フォルト），Salience（セイリエンス），Priming（プライミング），Affect（アフェクト），Commitments（コミットメント），Ego（エゴ）の頭文字を重ねています。これらは人間の非合理性を代表したものであり，行動変容への介入法として有効な条件だと考えられます。MINDSPACEは，組織の取り組みにおいてナッジを使って企画を行うとき，それが適切かどうかをチェックするためのリストです。各項目を確認することで，行動変容を促すことができるのです。

　MINDSPACEは様々なバイアスに関連しています。これらの意思決定に関する特性を理解することは「教えるコミュニケーション」から「感じるコミュニケーション」への脱却につながり，部下の行動変容マネジメントにも効果的でしょう。

（2）【行動特性１：M】　Messengers（メッセンジャー／伝える人）

　　　　　Messengersとは，誰が情報を伝えるかによって判断に影響が出る行動特性を示します。人は権威のある，あるいは重要な人からの情報の影響を受けて意思決定をくだす特性をもっています[67]。
　　　　　判断をするとき，人はすぐに思い浮かぶインパクトのある記憶で対応します。脳はすぐに利用可能な記憶で対処しようとするのです。記憶を左右する要素として大事なのは感情です。記憶と感情は密接に結びついていて，感情に刻まれた出来事はわたしたちの記憶に残ります。

　メディアや親しい友人，家族，権威（がありそうな）人などからもたらされた情報，自分の感情に強く訴えかける出来事や情報などは印象や記憶に残りやすく，情報の信ぴょう性や出来事が生じる確率は高いと判断されるのです[68]。この感情にドライブされた記憶は，様々な行動に影響を及ぼします[69]。

**　そのため人はテレビやSNS，インフルエンサーや著名人，信頼する身近な人からの入手しやすく思いつきやすい情報によって，判断が左右されてしまうのです。この特性を利用可能性ヒューリスティックといいます。**

【利用可能性ヒューリスティック（Availability Heuristic）】
　利用可能性ヒューリスティックは，簡単に想起できることが判断に影響する現象です。利用可能性ヒューリスティックは，訊ねられた質問を頭の中で別の

質問に置き換えます。そのとき，脳は例を思い浮かべやすいものに置き換えて答えているのです。このような置き換えは系統的なエラーにつながります[70]。

人は事例をどれだけ簡単に思いつくかどうかによって，リスクが現実のものとなる可能性を評価します。関連する例を簡単に思い浮かべることができた場合，人は現実に起こると考えます。パッと頭に浮かぶことのほうが，そうでない場合よりもはるかに強くリスクを感じるので，リスクを恐れて不安を抱くようになりやすいのです[71]。

入手しやすい情報は人から人へと伝達されやすいため，ある考えや判断が社会に広くいきわたることがあります。SNSの情報があっという間に広がり，あたかもそれが正しいことのように感じることはありませんか？ 特にSNSの普及によりその速度は速くなっているのです[72]。

利用可能性ヒューリスティックによって正しい意思決定ができなくなるケースでは「ニュースやSNSで取り上げられることは良く起こることだ」と，リスクを高く評価してしまいます。「自分が経験したことは，一般的にもよくあることだ」と感じることはよくあることです。一方，思いつきにくいリスクは仮に重大であってもリスクを軽視する傾向にあります。

【利用可能性ヒューリスティックの事例】
■ 部下のリスク評価を確認する

ビジネスにおいて企画提案をする際，何を根拠にアイディアを生み出しますか？ 時代の潮流はどのようにキャッチするのでしょうか？ テレビでみた特集やSNSにアップされていた情報をみたり，専門家っぽい人のコメントを聞いて「これからはこれが注目されるに違いない！ わが社でも関連ビジネスを企画しなくては！」なんて身近な情報に飛びつくことはありませんか？ データを詳しく調べずに手短な情報を入手して組み合わせ，もっともらしい企画書が提出されることはよくあるものです。それがプロジェクトとして立ち上がることもあるかもしれません。

ところが実際に市場調査や分析等をすすめると，それは一部の評価であり成長の可能性が見込めないことがわかったりします。このように利用可能性ヒューリスティックによって身近で誰でもが簡単に入手できる情報を頼りに判

断してしまうことがあるのです。

　プロジェクトの運営では，過去のプロジェクトが順調だったり，自分や周り
の仕事がうまくいっていたりすると，リスクなど不都合な要因を過少評価する
傾向があります。把握していないリスクは思い出しようがないため，失敗する
イメージはもてないでしょう。**プロジェクトの運営では，利用可能性ヒューリ
スティックによりリスクが頭から抜けてしまいがちです。**

　しかしビジネスにはリスクがつきものです。プロジェクトでは認証がとれな
いなど思いがけない外部からの横槍が入ったり，パートナー企業の見込み違い
で遅延がおきたりすることがあるものです。想定外の出費や物価高，為替変動
により予算が足りなくなることもあります。スタートアップや新規事業ではリ
スクの確率が高いにもかかわらず，自分たちは大丈夫，順調にうまくいくと錯
覚してしまう原因はここにあるのです。伝統があり，長年好調な業績を重ねて
いる企業の場合も，リスクを軽視することがあるでしょう。

【対処法のポイント】

■　死亡前死因分析（Premortem）で楽観主義を抑える

　部下が利用可能性ヒューリスティックの影響を受けて意思決定をくだしてい
る場合は「死亡前死因分析」をアドバイスしてみましょう。カーネマンは楽観
主義を抑える手段について，米国の認知心理学者であるゲーリー・クラインが
考えた「**死亡前死因分析（Premortem：プレモータム分析）**」が効果的だと
『ファスト＆スロー（下）』（早川書房）で示しています。**死亡前死因分析はリ
スクや失敗要因を事前に認識することができ，楽観主義を排除し，成功確率を
あげることができます。**

　死亡前死因分析は「見たものがすべて」という思い込みと無批判の楽観主義
というバイアスのかかった計画から，いくらかは損害を減らす役に立ちます。
この分析は，個人よりも組織のほうが楽観主義をうまく抑えられると考えられ
ています[73]。

　やり方は簡単です。何か重要な決定に立ち至ったとき，まだそれを正式に公
表しないうちにメンバーを集めます。そして「１年後を想像してください。こ
のプロジェクトがローンチします。しかし大失敗に終わります。どんなふうに

失敗したのか？　何が要因なのか？　その経過をまとめましょう」と，メンバーで話し合うのです[74]。

　例えば，メンバーからは「目標が高すぎて，やる気を失ってしまう」「環境が激変してプロジェクトが成立しなくなる」などがあがってきたとします。このように様々な失敗理由があがったら，その1つひとつの回避策や，発生時の影響を軽減するプランをメンバー全員で考えます。そして，それらを計画に盛り込みます。目標が高すぎる場合は，どのような目標が高いと感じるのか？やる気を失うポイントは何か？を具体的に考えます。そして，一気に目標を設定するのではなく，目標を小分けにしてステップアップする方法をとるなど対策を考えるのです。どのような環境が，どのように変化する可能性があるのか？についても，しっかりと事前に想定しておくのです。

　死亡前死因分析によってリスクマネジメントの視点でリスクを細かく想定し，事前に盛り込むことは楽観主義対策にとって重要なのです。

■　死亡前死因分析の2つの大きなメリット

【1】　集団思考に陥ることを防ぐ

　決定の方向性がはっきりしてくると，多くのチームは集団思考に陥りがちになります。集団思考とは，各自は優秀であるものの，集団になると非合理的な判断をしてしまう思考を指します。米国の心理学者アーヴィング・ジャニスが戦争など過去の誤った政治判断について研究する中で提唱しました。特徴は，自分たちは間違いや失敗を起こすことはないと考えるようになったり，仮に反対の意見があっても波風を立てないために自己の考えを封じたり，新しい意見や人を防ごうとします。そのため異を唱える声は出しにくくなり「大勢に従っておけばいいや」と，自分の思考をストップさせてしまいます。

　メンバーで死亡前死因分析をすることは，業務としてメンバー間で冷静に失敗を語ることができ，集団思考を自分の問題として捉えることができるようになるため，これを克服することができます。ただし，死亡前死因分析の手の内を参加者全員に語ると，効果が薄れるので注意が必要です。

【2】　集団特性により排除されがちな懐疑的な見方に正当性をあたえる

　チームがある決定に収束するにつれ，その方向性に対峙する疑念は次第に表明しにくくなります。しまいにはチームやリーダーに対する忠誠心の欠如とみなされるようになります。懐疑的な見方が排除されると，集団内に自信過剰が生まれ，その決定の支持者だけが声高に意見を言うようになります。死亡前死因分析のよいところは，この懐疑的な見方に正当性をあたえることです。その決定の支持者にも，それまで見落としていた要因がありうると考えさせる効果があるのです[75]。

　人は失敗することを前提に何かを考えたり，はじめたりはしないものです。誰でも成功させたいときは成功をイメージするでしょう。それでも**失敗を考え抜くことは成功を導く手立てとなります。**リスクを全員が認識して進めることで失敗する確率が30％減少する研究もあります。

　死亡前死因分析は目標設定や評価制度にも使えます。一般的な人事考課では，やりたいこと，やるべきことを設定して，できたことを評価します。一方，見方を変えて，あらかじめ部下に失敗・リスクを考えてもらい，やってはいけないこと，失敗する可能性のある行動をリストアップしてもらいます。やってはいけない行動をいかに減らせたのか？　これを評価につなげるのです。リスク回避行動を評価することは，企業が損失を回避するうえでも重要でしょう。

（3）【行動特性2：Ｉ】　Incentives（インセンティブ／誘因）

　　　　　　Incentivesは誘因を意味します。インセンティブとは選択者をどう動機づけるかであり，その方法はお金が最も一般的です。しかし，人々に努力を促すインセンティブはお金だけとは限りません。人の意思決定は様々な心理的要因が影響します。その心理的要因の1つに，損失を強く回避する行動特性があります。

　人は何かを得るときよりも，何かを失う場合のほうに強く反応します[76]。人間はリスクがある状況において，利得から得られる満足より，損失による苦痛を強く感じるため，損失を大きく評価する特性をもっているのです。これは損失回避性と呼ばれ，カーネマンとトベルスキーが提唱したプロスペクト理論の特徴の1つです。

　ここではプロスペクト理論の損失回避性にフォーカスしてみましょう。

【プロスペクト理論（Prospect Theory）】

　人は確率を状況に応じて歪んで認識します。そして，人の心は資産の水準よりも，資産の変化によってより大きな影響を受けます[77]。プロスペクト理論はこれらを解き明かしています。

　カーネマンは，プロスペクト理論の認知的な特徴を3つ示しています。この特徴は，金銭的結果を評価するときに重要な役割を果たします。この3つは知覚，判断，感情の多くの自動処理プロセスに共通してみられることから，直感的思考の動作特性だと考えられています[78]。

■　第1の特徴は参照点依存性

　人は絶対的な条件ではなく，自分の基準である参照点と比較し評価するという特性です。例えば，3つのボウルを用意します。左は氷水，真ん中は室温の水，右はお湯を入れます。1分間，左手は氷水，右手はお湯に入れます。その後，両手を真ん中の水に手を入れると，同じ水なのに左手はあたたかく，右手は冷たく感じるでしょう[79]。左手は氷水が基準となり，右手はお湯が基準となるため，両手を同じ温度（室温）の水に入れても異なる感覚を覚えるのです。

　給与で考えると現実的です。佐藤さんと鈴木さんの年収が今年500万円になったとしましょう。ただし佐藤さんの前年年収は400万円でした。佐藤さんは100万円上がったのでとてもうれしくモチベーションも上がります。一方，鈴木さんの前年年収は600万円でした。鈴木さんは100万円下がったのでとてもがっかりします。やる気もなくなってしまうでしょう。このケースでは，前年の年収が参照点になります。同じ500万円でも得る感覚は大きく違います。

　このように**参照点はその人の状況に応じて変わるのです。そして参照点を上回る結果は利得，下回る結果は損失に感じてしまいます。部下も参照点を基準としてモチベーションが変化します。**

■　第2の特徴は感応度逓減性

　感応度とは，何かの刺激によって心が深く感じて動く度合いのことです。逓

減（ていげん）とは次第に減ることを意味します。この法則は純粋な感覚だけではなく，富の変化の評価にも当てはまります。**同じ損失額でも母数が大きくなるほど鈍感になるという心理作用**です。例えば，あなたのお財布に現金が1万円しか入っていないとき，1万円をもらったらどうでしょう？　うれしいですよね。一方，あなたが現金500万円もっているとき1万円をもらったらどうでしょう。少しありがたみが薄らぎませんか？

　人は富が増えると満足度は高くなりますが，富が増えるごとにそこから得られる満足は小さくなってしまうのです。贅沢なことですが…。

■　第3の特徴は損失回避性

　人は意思決定において，**損失の領域，負の選択に直面したときにはリスクを追求する傾向があります。逆に利得の領域ではリスク回避的なのです**[80]。例えば，ギャンブルをしているシーンで負けが込んできたとき，人は往々にして一発逆転を狙ってリスクのある選択をすることがあります。逆に，ラッキーで儲かっているときは，危ない選択はしないようになります。人はお金持ちになると，さらに儲けようとするよりも自分の財産を守りたくなるのです。

　投資家も収益が出ているときは利益確定に動きます。一方，損失が出ている場合はそれを取り戻そうとして大きなリスクをとる投資判断を行うのは，損失回避性が働いているからです。これは好機よりも脅威に対してすばやく対応する生命体のほうが，生存や再生産の可能性が高まるからだと考えられています。

【損失回避性（Loss aversion）】

　次頁の**図表3−4**は価値関数のグラフです。これはプロスペクト理論の1つ[81]で，人が感じる主観的な価値と客観的な価値には差があるという意思決定の特徴を示しています。

　参照点を境に，グラフの傾きは大幅に変わります。横軸は客観的な数値で人が感じる損失や利得の程度を示します。縦軸は人が感じる主観的な価値の大きさを示します。損失に対する感応度は，同じ額の利得に対する感応度よりもはるかに強いのです。これが損失回避性です。

　図表3−4が示す通り，人は10,000円得したときのうれしさよりも，10,000円

116

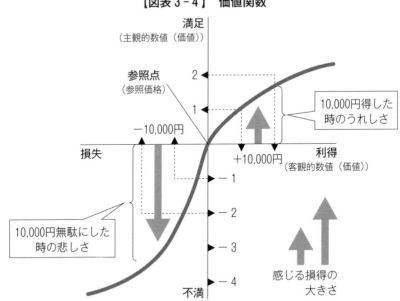

【図表3-4】　価値関数

出所：https://swingroot.com/prospect-theory/を筆者が加工

をなくしたときの悲しさのほうが2倍程度大きく感じます。実験結果では，損失回避倍率は1.5から2.5倍あります。

　このように感じる原因は，直感的思考による感情反応の仕業です。10,000円損する恐怖感は10,000円得をする期待感よりも強く，損失は利得よりも強く感じられるのです[82]。

【損失回避性の事例】

　損失回避性が機能すると，人はとにかく損をしないように行動します。損をする可能性を感じる瞬間，必要以上に保守的になったり，リスクに恐怖を感じてしまうのです。

■　利得フレームVS損失フレーム

　企業検診で生活習慣病を防ぐために社員の行動を変えたい（摂取カロリーを減らす）場合は利得を表現するのか，損失を表現するのかによって効果が異な

ります。

【利得フレーム】

「1日の食事を2,000キロカロリー以内にすれば，あなたが糖尿病など生活習慣病になる可能性は低くなり，健康状態は良くなります」

【損失フレーム】

「1日の食事を2,000キロカロリー以内にしなければ，あなたが糖尿病など生活習慣病になる可能性は高くなり，健康状態は悪くなります」

この2つの表現では【損失フレーム】の表現のほうが行動を変えるために効果的であるとの研究結果が示されています。

【対処法のポイント】

■ 失敗を怖がらず挑戦できる環境をつくる

損失を過大評価してしまう損失回避性の特性に対抗するためには，失敗を正しく評価できるよう，事前にリスクを正しく想定する必要があります。先に失敗を織り込むことで，失敗しても想定内であればダメージを防ぐことができるのです。

例えば，部下にはあらかじめ不利な点や損害を想定してもらいます。そして損害が生じたときの心理的損害も同時に把握できるよう指導します。損失を適正に評価できるようにあらかじめ準備させておくのです。

また，チャレンジングなプロジェクトに部下がチャレンジして失敗し，損失を受けたとしても，部下が被った不利や損失の2倍以上の利益を用意しておけば，部下のダメージは軽減され，業務へのポジティブな取り組みが保てるでしょう。

例えば，仮にプロジェクトが失敗してもプロジェクトへ参加したこと自体やチームへの貢献などを人事考課で高く評価することや，昇進・昇格試験に加算するなどを先に伝えておくことが考えられます。プロジェクトに参加したことで，その後レベルアップして評価が上がった先輩などを紹介することもおススメです。

人は損失を過大評価するため，損失感情を軽減させて失敗を怖がらず挑戦できる環境づくりが必要です。これは人材確保や離職防止に役立つでしょう。

（4）【行動特性３：Ｎ】　Norms（ノーム／規範）

Normsは規範を意味します。人は自分が所属する組織やグループにおいて，そのグループの輪を乱すこと，または乱されることを嫌います。そのため周囲の多くの人がする行動は一種の規範だと感じて守ろうとします[83]。

　人は他の人が何をしているか？　何がよいと思っているか？を重要視する特性があります。人は集団から非難されたくない欲求をもっているのです[84]。

　例えば，親しい友人の多くが新しいアプリを活用し，高機能を使いこなしているとしましょう。すると，あなたもその機能を試してみたくなります。人は他者と違うと思われることを避けようとします。違うかな？と感じていても，人はしばしば多数派の意見に従います。同じような行動をとらないと，規範を守っていないような居心地の悪さを感じてしまうからです。

　これは不平等回避性と呼ばれ，自分と他者の利得に格差があることを嫌う特性を指します。この不平等回避性が他者と同じように振る舞うことを好む同調性につながり，自分の行動が他者の行動と乖離していると，遵守すべき社会規範を守れていない居心地の悪さを感じさせてしまうのです[85]。

【不平等回避性（Inequity Aversion Model）】

　フェール＆シュミット（Fehr and Schmidt）が唱えた**不平等回避性は，他者と自分の利得の差が小さいことを好む選好（選択の好み）で，他者と自分との利得の差が大きいほど自分の効用（満足感）が低下します**[86]。

　人は自分と他者との間で資源の配分量に格差があることを嫌うのです。この傾向は自分と他者との間の不平等だけでなく，他者と他者との間の不平等に関しても同じ感情を抱きます[87]。

　不平等回避性は，社会的選好（Social Preference）と呼ばれる意思決定にかかわる人の傾向の１つです。社会的選好は人が他者の利得に関心を持つ傾向を指し，利他性，互酬性[88]，不平等回避性の３つの要素があります。

　利他性とは，他者の利得が多いほど自分の効用（満足感）が高まるという選好を指します。利他性については，本章トップリーダー編（92頁〜）でも示し

ましたが，利他的な行動は災害時などの状況で，人々が協力的な行動を取ることでも観察されます。

互酬性とは，他者から受けた利益や行為に対して，同程度他者に報いることです。他者が自分に好意的に振る舞う場合は自分も好意的に振る舞い，他者が自分に敵対的に振る舞う場合は自分も敵対的に振る舞うような選好を示します[89]。確かに，自分のことを好きでいてくれる人には好意的になりますし，自分のことを攻撃する人を好きにはなれません。

　バレンタインデーにチョコレートをもらう（あげる）と，ホワイトデーにお返しをしませんか（もらいませんか）？　年賀状のやりとりやお歳暮など，贈り物をもらったらお返しする社会的なやりとりも互酬性による行動です。その対象は物やお金だけではなく，労働，情報や愛情なども含まれます。

【不平等回避性の事例】

　他者と他者との間の不平等に関する感情を確かめる研究があります。様々な募金において寄付先を選択する調査です。調査では先に寄付先を決めてもらい，寄付をする前に寄付先の募金状況が伝えられます。例えば，

　【桜支援募金】は，多くの募金が集まっている寄付先です。

　【海支援募金】は，募金が集まっていない寄付先です。

　さあ，あなたならどちらに寄付しますか？

　調査では**【桜支援募金】**から**【海支援募金】**に変更する人が多い結果となりました。その理由は，多くの人々に選ばれて募金が集まっている**【桜支援募金】**の寄付先を自分も選択することは，人気の寄付先をより人気にし，寄付先間の

格差を広げることにつながるからです。

　そもそも寄付行為は恵まれない他者への配慮によって行われる側面があり，より不平等を回避しようとする情動的な反応がおこります。そのため，参加者が寄付しようと考えていた寄付先に多くの寄付金が集まっているとき，逆に寄付金が集まっていない寄付先【海支援募金】に変更する人が多くなるのです。人の不平等回避性によって，他者に選ばれていない，いわば不遇な寄付先が選択されるわけです[90]。

　不平等回避性の特性を活用した代表的ナッジとして，社会比較ナッジがあげられます。

【対処法のポイント】
■　社会比較ナッジで効果的な行動を促す
　社会比較ナッジは他者の情報を上手に活用して背中を押すナッジであり，情報や注意喚起を人々に提供し，熟考を促すものです[91]。事例をご紹介しましょう。

【社会比較ナッジの事例】
■　看護師の業務効率向上
　残業時間の短縮に成功し業務効率をアップさせた事例があります。熊本地域医療センターでは看護師の超過勤務が多く，離職率の高さが課題でした。

　超過勤務の要因の１つとして，勤務終了時刻が過ぎてからも業務を引き受けてしまう状況があげられます。例えば，日勤と夜勤が勤務交代した直後にナースコールや電話が鳴ったとしましょう。交代した日勤は対応する必要がありません。しかし，誰が日勤か夜勤か外見ではわからないため，なぜナースセンターにいるのにコールに対応しないのか？と思われてしまうことが多々あります。結果として交代後にもコールに対応して業務を行うことは日常的にあるものです。どこの医療機関でも問題視されていることでしょう。そこで改善策として導入されたのが，看護師のスクラブ（ユニフォーム）を２色制にすることです。攻守がきれいに入れ替わるアメリカンフットボールから着想を得た院長が，日勤と夜勤のスクラブを別々に選ぶことを提案したのです。誰がみても違いがわ

かるように日勤はバーガンディ（深い赤色），夜勤はピーコックグリーン（鮮やかな深緑色）のスクラブを着用します。

　これにより，勤務交代後に残っていると緑の中に自分の赤だけが存在し，誰もが規範から外れていることを感じるのです。周りの人も色の違う人に仕事を頼みにくくなります。勤務帯の区別が明確になり，定刻に退勤できる看護師が徐々に増えていったのです。新人看護師は先輩に気兼ねなく仕事が終われば帰れるようになります。医師は前夜の患者の様子を聞いたり，日中の処置を指示したりするのに，誰に声を掛けるか迷わなくなったそうです。

　その結果，日勤 1 人あたり年間平均残業時間が，導入前の111.6時間から，5 年後には21.7時間まで激減します。夜勤にいたっては1.2時間からゼロになったのです。そのほかの施策も加味されて，離職率は20％超から9.9％に低下するという好成績をあげます[92]。素晴らしいナッジだといえます。

　最近では残業制限を遵守するため，建設現場でもユニフォームに終了時間の目安になるプレートを付けるケースがあるそうです。それにより，時間で帰るよう周りが促したり，頼み事を翌日にまわしたりするなど，業務改善効果が出ているようです。

■　資格試験受験率や書類提出回収率をUPする

　リーダーは他者の行動を意識する傾向を利用することで，部下のポジティブな行動変容を引き起こすことができます。この意思決定の傾向は部下へのアドバイスや指導にも役立つことが考えられます。

　例えば，プロジェクトの参加率や資格試験の受験率向上とか書類や提案書等の回収率アップにも活用できるでしょう。以下のケースにおいて，【A】【B】では，どちらの表現が効果的でしょうか？

● 書類提出の督促
　【A】「早く書類を提出してください」
　【B】「書類を提出していないのは，営業部内であなただけです。営業部20
　　　　人中19人は期限内に提出されています」
● 資格試験受験の推進
　【A】「資格試験を受けましょう」

【B】「総務部員の90％は入社２年目でこの資格試験を受験しています」

この場合，社会比較ナッジを考えると，いずれも【B】のほうが効果的でしょう。社会比較ナッジを使った表現は書類の回収率や受験率のアップにつながり，部下を育成するための行動変容に応用できるのです。

（5）【行動特性４：D】Defaults（デフォルト／初期設定）

 Defaultsとは，初期設定をなるべく維持しようとする人の特性を示します。**人はあらかじめセットされた選択肢に流されやすく，初期設定に従う特徴をもちます。**人は積極的に行動せずにデフォルト状態を基準として意思決定をくだすことが多いのです。

例えば，オンラインで何かを購入する際，みなさまはそのブランドから届く情報メールやニュースレターの「受信する・しない」を確認していますか？多くは「受信する」にあらかじめチェックが入っています。通常，あらかじめチェックしてあるので，受信を拒否したい場合はチェックを自分で外すことになります。メーカーは商品を知ってもらうためにも，情報メールを消費者に送り新しい情報を届けたいでしょう。そのためには最初に受信にチェックしておけば，顧客がわざわざ外さない限り，情報を届けることができるのです。

確かに人は惰性で選択する傾向があり，難しい選択を行うことが煩わしい場合にデフォルト（初期設定）を選択しがちな特性（デフォルト・バイアス）があります[93]。多くのケースで初期設定は変更されず，そのまま使われるのです。

【オプトイン（Opt-in）とオプトアウト（Opt-out）】

デフォルト（初期設定）の方法で意思決定が変わることは様々な研究で明らかになっています。その際，その初期設定がYesの意思を示しているのか？もしくは，Noの意思を示しているのか？で異なります（**図表３−５**）。

オプトイン方式のデフォルトは不参加です。そのため，自分で参加（許可）するにチェックするなど意思表明をしない限り参加（許可）はしません。一方，**オプトアウト方式のデフォルトは参加です。**参加（許可）が原則となっているので，初期設定のままにすると参加（許可）することになります。自分が参加（許可）したくない場合は，自分で参加（許可）しないほうにチェックするな

【図表3-5】　オプトインとオプトアウト

○オプトイン方式

参加（許可）するなど自分で意思表明をしない限り
参加（許可）しないことになります。

選択して参加＝デフォルトは不参加

○オプトアウト方式

参加（許可）を原則とします。参加（許可）しない場
合は，自分で意思を表明することになります。

選択して参加しない＝デフォルトは参加

ど意思を表明する必要があります。

　なお「特定電子メールの送信の適正化等に関する法律＝迷惑メール防止法で
は，取引関係以外において原則としてあらかじめ同意した者に対してのみ広告
宣伝メールの送信が認められる「オプトイン」方式が規定されています。

【デフォルトの事例】

■　オプトアウトで夜勤明けの休暇取得者が3倍弱に増加

　警視庁中部管区警察局岐阜県情報通信部では，夜勤明けの休暇取得促進とし
て宿直者の翌日休暇取得をデフォルト化し，オプトアウト方式に変更しました
（**図表3-6**）。デフォルトは「宿直明けは休暇をとる」です。

　チェックをしない限り，宿直明けは休むことになります。変更後，休暇取得
者は37人から3倍弱の106人へと増えました[94]。デフォルトの設定は労務改善
の役にも立っているのです。

【図表3-6】 休暇取得のデフォルト化

宿直者は翌日の休暇取得をデフォルト化

オプトアウト（勤務）する者のみ
報告様式に新設された該当欄にチェック

氏　　名	宿直明け休暇の取得
	□ しない
	□ しない

上司は、オプトアウト申告、昨晩の対応状況、健康状態等から休暇取得を奨励

出所：第7回日本版ナッジユニット連絡会議資料1
（https://www.env.go.jp/content/900447892.pdf）

■　育休取得者がデフォルト設定により12.6％から92.3％にUP！

　千葉市では男性職員の子育てを支援しています。市は男性職員の育児休業の取得を促進するため，育児休業の取得予定等の調査を実施し「取得しない」という回答があった場合は，所属長がその理由を確認する仕組みを取り入れました。この場合，デフォルトは育児休業をとることです。これは男性職員が積極的に育児休業を取得して育休は男性も取得して当たり前という意識の定着を目指すものです。

　その結果，男性職員の育児休業取得率は2016年12.6％だったところ，実施後の2018年は65.7％に，2019年には92.3％に向上しました。デフォルトの設定（育休を取得しないと理由を確認される）は，子育て支援の促進にも役立っているのです[95]。

　ビジネスにおける業務改善をはじめ，イベント参加率や書類の回収率を上げたい場合は，**デフォルト設定を考えることにより，相手の意思決定が変わることが期待できます。これは様々なマネジメントに活用できます。デフォルトは行動の変化を誘発するうえで重要なのです。**

（6）【行動特性5：S】　Salience（セイリアンス／顕著性）

Salienceとは顕著性，目立つ特性を意味します。**人は目や耳にとまるような特別な特徴をもつものに注意をむける特性をもちます。**人はまずセイリアントなものをつい見てしまうのです。それは見ると目に焼きついて記憶に残ります。目新しいものや，大きい文字，協調されているもの，好きなタイプのものなどには強い印象を抱き，感情にも影響を与えるため，ますます記憶に残るようになります。すると見たものが自然と心に浮かぶようになり，後の判断や意思決定にも影響を及ぼすようになるのです[96]。

　ここではセイリアンスの効果について考えてみましょう。

【セイリアンスの効果】

　2019年に日本で開催されたラグビーワールドカップは，それは盛り上がったものです。南アフリカが3度目の優勝を勝ち取りましたが，アジア勢初の8強進出を果たした日本の活躍は素晴らしく，予選を観ていて日本は負けないのでは？という印象さえもったものです。初の決勝進出は快挙といえます。

　当初「ラグビーは名前くらいなら知っているけれど，テレビで夢中になったり観戦に出かけたりするほどではない」と思う人は多かったのではないでしょうか。そんな人たちをどうやって観戦させる（集客する）のか？　開催前，運営プロジェクトチームやスポンサーは躍起になったことでしょう。

　そこで思い出すのは，東京駅丸の内線改札出口を出てすぐ前に大きく貼られたビール「ハイネケン」のポスターです。緑の芝とキャッチコピーが目に飛び込んできたのです（**図表3-7**）。あまりのインパクトの強さに立ち止まり，なんだかワクワクしてニヤけたことを覚えています。多くの人がポスターを見て立ち止まっていました。

　「ルールを知らなくたって，にわかで，いいじゃないか。」その頃，にわか仕込みで騒ぐことは少し恥ずかしいことだ，というイメージが定着していました。しかし，これはラグビーにあまり触れたことのない人の背中をおもいっきり押す，最高のキャッチコピーだと言えるでしょう。

【図表 3 - 7 】 ラグビーワールドカップ日本大会2019ハイネケンポスター

出所：https://mainichi.jp/articles/20191018/k00/00m/050/
207000c

　このポスターは多くの視線をひきつけて，青々とした芝の香りやラグビーで
隣の人とハイネケンを飲みながら盛り上がる自分の姿を連想させ，見る人の記
憶にすり込まれたことでしょう。

　ラグビーなんて全然知らなかった人たちが会場に足を運び，盛り上がること
をイメージする。そっか，知らなくていいんだ！　じゃあ観に行ってみようか
な…と，一瞬で思わせるポスターです。

　これはまさにセイリアンスの効果だといえるでしょう。このポスターは見る
人にラグビーを観戦する経験を想像させているのです。そしてポスターを見た
人を試合会場に，あるいは試合で盛り上がる場所に足を運ばせたことでしょう。
**人は何かを見たとき，視野に入る対象を均一に注目しているわけではありま
せん。無意識のうちに，直感的思考の働きでセイリアンスなものに焦点を当て
てしまいます。重要なことは，人はセイリアンスなものに注目してしまうだけ
ではなく，そのことが焦点を当てている対象の過大評価につながる傾向がある
ことです。**そこには記憶も介在していて，セイリアントなものは目に焼き付い
て強く記憶に残りがちなのです。そしてその対象に過大な評価をもたらしま
す[97]。

　セイリアンスの高い情報は印象の判断などにも重要な影響力をもち，その後
の判断のときにも具体的に想起されやすくなり，選択が導かれるのかもしれま
せん[98]。

【セイリエンス効果の事例】

■　わかりやすい資材で検診受診率の向上

　厚生労働省発行の「受診率向上施策ハンドブック」には，案内用資材を視覚的にわかりやすくすることで検診の受診率をアップさせる取り組みが紹介されています。

　杉並区は過去5年間乳がん検診を受診していない人に対する受診勧奨の案内を工夫しました（**図表3-8**）。

　【BEFORE】は文字ばかりで細かく，直感的に理解するのが難しい案内です。案内文はマンモグラフィ検査の説明が多くを占めています。また「検診を受けましょう」と，投げかけるメッセージは弱い印象がします。

　一方，【AFTER】は文字が少なく見やすくなり，直感的に理解ができる案内です。内容は区役所から補助金が出るなど金銭的負担が少ないことが書かれています。また「検診を受けてください」は，強い依頼のメッセージになっています。

【図表3-8】　杉並区乳がん検診の案内

【BEFORE】　　　　　　　　　　　　　【AFTER】

$$\frac{1人}{1500人} \qquad \frac{131人}{1489人}$$

出所：厚生労働省（2019），受診率向上施策ハンドブック（第1版）
（https://www.mhlw.go.jp/file/05-Shingikai-10905750-Kenkou
kyoku-Kanentaisakusuishinshitsu/0000098678.pdf）

　その結果，1,500人中1名しかいなかった受診者は，1,489人中131人と多くなりました。人はセイリアンスの高い，直感的に理解できる情報提供ならば，行動に移すことができることがわかります。

　ビジネスにおいてもセイリアンスの高い情報提供は部下の理解が高まり，行動に移すことにつながります。部下の健康管理の推進はもちろんのこと，部下の資料作成やプレゼンテーションのアドバイスにも活用できるでしょう。

（7）【行動特性6：P】 Priming（プライミング／先行刺激）

　Primingは点火薬，起爆剤，呼び水の意味をもち，先行刺激を指します。プライミングは人が事前に見聞きしたことなどによる潜在意識に影響される特性を示します。この潜在意識は行動のきっかけになります。つまり，**プライミングは無意識の手がかりが人の行動に影響する特徴をもつのです。**

　例えば，実験では被験者に先に赤色を示し，その後に思いつく果物を聞くと，多くがイチゴやリンゴなどの赤色の果物を思いつくのです。これをプライミング効果と呼びます。プライミングを利用すれば，人間の無意識を利用して相手の次の行動を誘いやすくなるのです[99]。

　ここではプライミング（先行刺激）が意思決定にどのように影響を及ぼすのかについてご説明します。

【プライミング効果（Priming Effect）】

　プライミングは直感的思考が影響しています。人はアイディアや概念をそれとなくほのめかされただけで，連想が誘発されて，特定の情報を思い出しやすくなります。 プライミング効果は潜在的（無意識的）な処理によって行われ，先行する刺激（プライマー）の処理が，後の刺激（ターゲット）の処理を促進または抑制します[100]。

　全米の4万人以上を対象とした調査では，対象者に「次の週に何回デンタルフロスを使って歯を掃除するのか？」と質問すると，フロスを使う回数が増えたことが明らかになっています[101]。フロスというキーワードが先行刺激となり，記憶に残って使用が促進されたのです。

　大学生に鉛筆をくわえたまま漫画を読み，おもしろさの度合いを評価しても
らう研究があります。調査では，鉛筆を横向きにくわえて笑顔に見える人は，
鉛筆をストローのように縦向きにくわえてしかめ面に見える人より，漫画を面
白いと感じる結果となっています[102]。仕事では無理にでも常に笑顔をつくる
ことで，気分があがりモチベーションがアップするかもしれません。

　自分では意識してもいなかった出来事がプライミングとなって，行動や感情
に影響を与えます。私たちの思考や行動は，その瞬間の状況に左右されるので
す[103]。ビジネスではモチベーションがあがるような事前の情報提供により，
部下のやる気が高まる効果をもたらします。

【活用法のポイント】

■　青表紙の提案書は受理率があがる

　　　　　　　　　意識していないところでプライミングは好みや判断に
影響を及ぼします。風景や音，香りや手ざわり，家族や
友人との会話，街で見かけたもの，ウェブサイトの記事
など，無意識に触れた事柄がトリガーとなり，脳の中で
記憶の断片が突如ネットワークされて考えや行動につな
がるのです。

　提案書の表紙の色がプライミングとなり，評価結果に大きく影響を与える研
究があります。青は肯定的なイメージを評価者に与えるため好感度があがり審
査判断が変わります。その結果，青は受理率が高く，赤は低くなりました[104]。
この結果を知るとみなさまの提案書が青になるかもしれません。

■　部下の目標達成に活用する

　　　　　　　　　プライミングは目標達成にも役立ちます。目標を言
葉にして，それを先行刺激にするのです。言葉は記憶
に影響し，直感的思考はこの言葉をもとに意思決定を
くだすのです。

　　　　　　　　　「今週中に完璧なプレゼン資料を作り終える！」
「今月中に企画書を書いて，企画を通す！　絶対にできる！」「絶対に成功す

130

る！」

　これらの発言が先行刺激となり，次の行動に影響を与えます。発言した言葉は周囲のメンバーの記憶にも残り，良い影響を与えるでしょう。目標を貼っておくのも効果があります。

　稲盛氏が作り上げたフィロソフィも，行動指針を明確に掲げることで，そのフィロソフィがプライミングとなり，メンバーの意思決定につながっていたことが考えられます。

（8）【行動特性7：Ａ】 Affect（アフェクト／感情，情動）

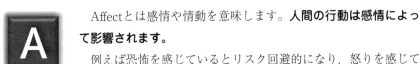

　Affectとは感情や情動を意味します。**人間の行動は感情によって影響されます。**

　例えば恐怖を感じているとリスク回避的になり，怒りを感じているとリスクを感じなくなるという研究があります。機嫌の良い人は楽観的な判断をし，機嫌の悪い人は悲観的な判断をすることも示されています。そして幸福な顧客は不機嫌な顧客より多く消費する可能性が高くなります。また人は不満があると，自己破壊的な行動に出る可能性が高くなります。これらから言えることは，感情が行動を左右するということです[105]。稲盛氏も熱い情熱で感情に訴えたことにより，JALの再建を実現しています。

　ここでは感情ヒューリスティック（Affect Heuristic）についてご説明しましょう。

【感情ヒューリスティック（Affect Heuristic）】

　感情ヒューリスティックは，熟考や論理的な思考をほとんど行わずに，好きか嫌いか，あるいは感情反応が強いか弱いかだけに基づいて判断や決断をくだす特徴をもちます。私たちが生活の多くの場面で抱く意見や選択には，気づかぬうちに感情が反映されています[106]。

　熟考的思考には，直感的思考の提案を却下する能力や全体の進行をスローダウンさせて論理分析を実行する能力が備わっています。ところが感情的な要素が絡んでくると，熟考的思考は直感的思考の感情を批判するよりも擁護にまわるのです[107]。

　みなさまは部内交渉や顧客対応において，相手に好印象を与えることが重要だと部下に言い続けていると思います。それは正解です。感情に響くような訴求は熟考的思考を上回ります。**人は好感度が高いもの（こと）ほどリスクが低く，利益が高いと評価する傾向があるのです。なお，感情は表情や態度，言葉にダイレクトに表れ，相手に伝わります。自分の感情を常に理解する必要があります。**

【感情ヒューリスティックの事例】

■　習慣化には感情が重要

　　　ガーナでは食事の前に石鹸での手洗いを習慣化させる取り組みがあります。残念ながら，石鹸を使うことの利点を詳しく説明して熟考的思考に訴える取り組みは，健康行動の促進には役立ちませんでした。

　　　一方，手を洗わないことにより嫌悪の感情を引き起こすテレビ広告を流して直感的思考に訴える取り組みは，嫌悪という負の感情を避ける行動から，石鹸の使用を41％増加させて健康行動の普及に成功しています[108]。

　　　リーダーは正論で部下を指導することがあると思います。しかし理論的な話だけで行動変容は起こらないでしょう。部下の感情に響く，直感的思考に訴えることは，部下の行動変容を促し，習慣化への近道かもしれません。

■　生活満足の向上はささやかな幸運

　心理学者のノルベルト・シュワルツ（Norbert Schwarz）らは，生活満足度調査に答えてもらう実験を行いました。その際，実験前に被験者に解答用紙をコピーするように依頼します。被験者の半分には，コピー機の前に10セント硬貨をうっかり忘れたように置いておきます。つまり半分のグループの被験者は10セントをゲットできるわけです。

　　　このささやかな幸運に見舞われただけで，10セントを拾った被験者の総合的な生活満足度は著しく上昇し

132

ます。このように生活満足度の調査では，感情ヒューリスティックが関わっていることがわかります。これは評価の際に想起しやすい出来事に重みづけされたからだと考えられます[109]。想起する出来事により感情が動いて，その後の思考や行動に影響を与えているのです。

ビジネスでも小さな幸せが，モチベーションの維持に役立つでしょう。コピー機の横にお金を置くわけにはいきませんが，良い感情を導く施策は，業務の満足度を上げて仕事への集中力を高めることにつながります。

（9）【行動特性8：C】 Commitments（コミットメント／約束）

Commitmentsとは約束や確約などを意味し，先延ばししないように将来の制約を現在の段階であらかじめ設けておくことを示します。**人は公の場で約束したことや自分自身に課した制約に対して，整合的な行動を取る傾向にあります。この傾向を利用すれば，現在バイアスによる先延ばし行動を防ぐことができるのです**[110]。

人は公に宣言した場合や互恵的な関係がある場面では行動を起こしやすく，約束を公表すると実行する特性があります。コミットメントはソーシャルメディアなどへの公言や，約束を書き留めることで行動に影響を与えます。また人間は友人や仕事仲間などに何かをしてもらうと好意を返したい，あるいは行為に報いたいという強い欲求をもちます。

ここでは現在バイアスと，それを回避するための先延ばしを防ぐコミットメントデバイスについてご紹介します。

【現在バイアス（Present Bias）】

現在バイアスとは遠い未来に得られる利益よりも，短期的な利益のほうに大きな価値を見いだす傾向のことです。ダイエットを計画しても食欲が優先し「明日からダイエットをしよう」と考える人は多いものです。計画はするものの，それを実行するときになると現在の楽しみを優先し，計画を先延ばししてしまうのです。現在バイアスは先延ばし行動を生むのです[111]。計画をたてても計画通りに実行できない性質を時間非整合性と呼びます。

現在バイアスは将来の利得を小さく考える傾向にあります。今の得を考える

ためです。そのため，現在バイアスの高い人は健康行動をとりにくいことが指摘されています。JALも未来の利益より短期的な現状の利益にとらわれ，経営破綻に陥ったことが考えられます。

　仕事でも資格試験の日程がせまっているのに「今日は前から行きたかったお店で飲み会だな。今日は勉強しないで，明日からやれば大丈夫」なんて考える現在バイアスもあるでしょう。目の前の欲求を重視してしまうのです。目の前の欲望に勝てるか否かで，目標達成が左右されてしまいます。

【コミットメントデバイス（Commitment Device）】

　先延ばしを防ぐ工夫や仕組みをコミットメントデバイスと呼びます。先延ばししないためには，自分の将来の行動にあらかじめ制約をかけるようなコミットメントデバイスを利用するのです[112]。

　資格試験やTOEICの勉強など，仕事上で求められるため勉強をしなければいけないことがあると思います。しかし，SNSを見てしまう，ゲームがやめられないなどにより，勉強に邪魔が入りはかどらないことがあるでしょう。その場合はSNSやゲームアプリを削除し，邪魔になる原因を取り除きます。ダイエットしないといけないものの，ついつい誘惑に負けてお菓子をたべてしまう場合もあります。その場合はお菓子の買い置きをしないなど，誘惑のもとを排除します。これらはコミットメントデバイスに含まれます。なお，先延ばし傾向にある人ほど残業時間が長いことが指摘されています[113]。現在バイアスによる先延ばし傾向は，業務に影響を及ぼします。

　期限に遅れがちな部下に有効な，コミットメントデバイスをご紹介しましょう。

■　実行意図（Implementation Intention）

　ビジネスパーソンは日々「○○を実行したい」という目標を定めるでしょう。しかし残念なことに，目標に向けて実行に移すことができないことはよくあります。心理学者のピーター・ゴルヴィツァーによると，ある目標や目的に向けて人が行動を起こすためには「目標意図（Goal Intention）」だけではなく，「実行意図（Implementation Intention）」が必要なのです。これは習慣や行動の修

正にも役立ちます[114]。

　目標意図とは，自分が成し遂げたいことを特定することです。例えば「私は
プロジェクトを成功させたい」と目標をあげます。しかし目標を掲げただけで
実行に移すのは難しいでしょう。これだけでは「やりたいことはあるけれど，
どうはじめたらよいのか？」と，行動に移すことできません。そこで必要なの
が実行意図です。

**　実行意図とは，目標を実現させるために「いつ」「どこで」「どのように」す
るのかを具体的に決めることです。行動を明確にすることで，達成の確率が高
くなるのです。**

　例えば「健康に気をつけて，体重を 5 キロ減らす」というのは目標意図です。
一方，この目標にむけて「毎朝 5 時に起きて30分間ランニングをする」「食事
では必ず最初に野菜を食べる」と具体的に行動を決めるのは実行意図です。

【コミットメントデバイスの事例】
■　実行意図でインフルエンザワクチンの接種率を上げる

　Milkman et al.（2011）は，米国の電力会社の従業員3,273人に対して実行意
図に関するナッジの実験を行いました。方法は，無料で受けられるインフルエ
ンザの予防接種の案内を 3 グループに分けてメールします。すべての案内には
インフルエンザが無料で受けられることと 5 パターンの摂取可能日と時間が書
いてあります。そして以下の 3 種に案内文を分けて接種率の差を確認しました
（**図表 3 - 9** ）。

【A】　実施日時だけ伝える

【B】　自分で月・日・曜日を書いてもらう

【C】　自分で月・日・曜日・時間を書いてもらう

　その結果，【A】を送られたグループは接種率33.1％，【B】を送られたグルー
プは接種率35.6％，【C】を送られたグループは接種率37.1％で，実行意図を明
確に示すことで接種率があがる結果となりました[115]。これは具体的に行動を
書き示すことで自己を誘導して行動変容がおきており，実行意図の重要性を示
したものです。

　部下を目標達成に導くためには，具体的な行動計画を書き記してもらうこと

【図表3-9】　インフルエンザ予防接種の接種率に関する実行意図の実験

【A】実施日時だけ伝える　　【B】自分で月・日・曜日を書いてもらう　【C】自分で月・日・曜日・時間を書いてもらう

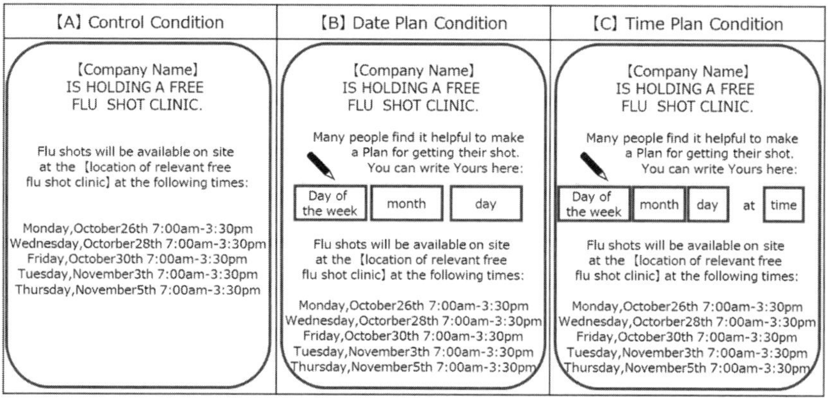

【A】Control Condition	【B】Date Plan Condition	【C】Time Plan Condition

接種率33.1%　　　　　接種率35.6%　　　　　接種率37.1%

出所：Milkman et al.［2011］を参考に筆者作成（杉本［2020］p.85）

が，実行への近道となるでしょう。

■　将来の行動を縛っておく

　Ariely and Wertenbroch（2002）の研究によると，最終的な締め切りを一度だけ設けるよりも，**細かな締め切りを複数回設定したほうが仕事の効率性が高くなることがわかっています。**

　ある研究では学生に校正の課題を3枚与え，3週間以内に実施するよう求めます。修正1か所につき10セントを与え，遅れると1ドル/日の罰金が科せられます。

　調査では，上記の条件のもとで，3種類の締め切りを設定します。

【A】　1週間ごとに1枚提出
【B】　締め切りを自分で設定
【C】　3週目に3枚提出

　その結果，締め切りを一度しか設けない【C】よりも，細かな締め切りを設ける【A】のほうが，間違いを見つける数が多く，提出締め切りから遅れる日数も短くなりました。また，【B】の締め切りを自分で設定させるよりも，締

め切りを強制的に設定したほうが，仕事の効率が高くなることがわかりました[116]。

　計画通りにいかない部下には，細切れに締め切りを設けたり，強制的に締め切りを設定したりするほうがよいでしょう。

(10)　【行動特性9：E】　Ego（エゴ／自我）

　最後のEgoとは自我を意味します。**人は自分自身の満足度を高める行動を取ろうとする特性をもっています。**人は自分自身をよく見せるために行動しやすく，自分に都合の良い，あるいは心地よいことを行うのです。例えば，成功は自分の能力と努力のおかげだと考えますが，失敗は不測の事態や他人，不運，置かれた状況のせいだと考えがちです[117]。

　たしかに営業成績の良くないビジネスパーソンから「売れないのは担当エリアが悪いから」「扱う商品が悪いから」というセリフを聞いたことがあります。一方，営業成績の良いビジネスパーソンはネガティブなことは口にせず，どこのエリアでも成果をあげているものです。稲盛氏も自我をなくし，利他の心で公平無私であることがリーダーの資質だと考えています。とはいえ，自我をなくすことは難しいことです。

　ここでは，エゴ（自我）が人の行動にどのように影響するのか？について説明します。

【エゴ（Ego，自我）】

　人は自分が他人から思われたいイメージに合わせて，それを実践します。そのため，健康だと思われたい人は，熱心にスポーツジムに通うなど運動をします。慈善団体に寄付をしたり，価値ある慈善活動にボランティアとして参加したりする人は，少なくとも一部分，自分自身を良く思わせるためにそうすることが報告されています。エゴが高く，ただラッキーなだけのリーダーは，自分を過信したり，業務で過剰なリスクをとったりして組織を迷わせることがあるのです。

　人は自分自身を自己矛盾のない人間だと思いたがるのです。そして，わたし

たちは様々な点で自分が平均的な人よりも優れたパフォーマンスをしていると考えているのです。米国の運転免許を持つ大学生を対象とした調査では，大学生の93％が自分の運転能力を平均以上と評価しています。

　このエゴの特性を活用して，より良い行動変容を促すためには，ピグマリオン効果が有効です[118]。

【ピグマリオン効果（Pygmalion Effect）】

　周りの人から期待されることは，パーソナリティの形成や能力の向上において大きな力をあたえます。**ピグマリオン効果とは，他者に期待されることによって成果があがる現象のことを指します。**米国の教育心理学者であるロバート・ローゼンタールによって提唱されました。これは教育期待効果（Teacher Expectation Effect）とも呼ばれています。

　ピグマリオン効果の検証では，次のような実験が行われました。まず，今後成績がのびる生徒を割り出すことを目的として知能テストを実施します。次に，テスト結果の成績とはまるで関係なく無作為抽出した生徒の名簿を，担任に対して今後成績の向上が期待される生徒であると伝えます。最後に，担任は選ばれた（と思っている）生徒に対して期待をもって指導します。その結果，対象の生徒もその期待に応え成績が向上しています。

　この実験では，第1に期待されている生徒だと聞いた教師が，期待をもって指導することで生徒の成績が上がっています。第2に期待をもって教えた教師に応えて，生徒が勉強をしっかりとやり，成績が向上しています。教師も生徒もその気になって期待の影響を受けているのです。これは，ビジネスでも大いに役立つ効果といえるでしょう。部下への期待は成長につながるのです。

【活用法のポイント】

■ 部下を信頼し，期待を寄せる

　リーダーは部下に対して常に期待をもち，肯定的なコミュニケーションを心がけることが重要です。仮に業務がうまくいっていたとしても，リーダーから期待されていない（見放された）と感じると，モチベーションは下がります。

■ 部下に任せる

　業務において部下に細かい指示を出してしまうことはないでしょうか？　部下は上司から信頼されていないと感じ，自信を失う可能性があります。期待とは信頼することでもあります。部下に対して「期待している」と言葉で伝えることは重要ですが，それだけではなく実際に仕事を任せ，期待や信頼を行動で示す必要があります。

■ 評価は結果だけではなくプロセスも重視する

　部下に対して期待を込めて業務を任せたものの，残念ながら期待どおりの成果に結びつかないことがあるでしょう。その際，すべてを否定してしまうと，部下は期待に応えられなかったことに対し，自信をなくすことになります。

　リーダーは結果だけではなく，プロセスなど部分的に評価をして，良い点を認めてあげる必要があります。それにより，部下は自分への期待がなくなったわけではないことを理解し，モチベーションを保つことができるでしょう。人間にとって期待されることは自分を認めることにもつながり，頑張りが利いて，行動を変えることができるのです。

3．行動変容マネジメント力を高める極意

　人の意思決定の癖や無意識の行動特性を理解することは，部下の行動変容を導く早道となります。

❶ 脳は楽な道を選ぶ

　人は熟考的に考えると脳のエネルギーを多く使います。人は脳の負担を最小限にしてエネルギーを温存するために，経験や先入観などから直感的に答えをだします。リーダーは人が感情や感覚，経験などに基づいて直感的な判断をくだすことを前提に，部下へのマネジメントを考える必要があります。

❷ 教えるスタンスから感じる・記憶に残すことに注力する

　記憶に残るアプローチは意思決定の癖を利用するため，理解が早くなり，行動変容に導くことができます。リーダーは部下に対して理論的に教えようとするばかりではなく，バイアスを考慮して「感じる・記憶に残す」情報提供や指示を心

がけましょう。

③　MINDSPACEを理解する

　MINDSPACEは人間の行動に影響をあたえる特性です。Messengers（伝える人），Incentives（誘因），Norms（規範），Defaults（初期設定），Salience（顕著性），Priming（先行刺激），Affect（感情），Commitments（約束），Ego（自我）は，行動変容への介入に役立ちます。

④　ナッジが必要なとき

　情報が多すぎたり複雑すぎたりして判断が難しい場合や，文字ばかりの情報で選択の結果がイメージしにくい場合，ダイエットや英語力の向上など選択の結果がすぐに得られない場合，意思決定の癖によって目標達成が難しい場合は，ナッジを活用したアプローチによって望ましい方向へと行動変容を促すことができます。

注　■────────

1　（稲盛和夫オフィシャルサイト）
2　（原，2013，p.55）
3　（原，2013，p.73）
4　（原，2013，p.71）
5　（原，2013，p.78）
6　（カーネマン，2014，下p.51）
7　（稲盛・山中，2017，p.44）
8　（原，2013，p.14）
9　（稲盛・山中，2017，p.105）
10　（稲盛・山中，2017，p.104）
11　（堀，2015）
12　（岩澤，2020，p.131, 251）
13　（堀，2015）
14　（稲盛・山中，2017，p.128）
15　（稲盛・山中，2017，p.130）
16　（稲盛・山中，2017，pp.128-129）
17　（稲盛・山中，2017，p.129）
18　（稲盛・山中，2017，p.198）
19　（稲盛，2014，pp.197-209）
20　（稲盛和夫オフィシャルサイト）
21　（稲盛・山中，2017，p.138）
22　（稲盛，2004，pp.39-45）
23　（稲盛，2014，pp.250-251）

24 （稲盛，2004，p.59）
25 （稲盛，2004，p.61）
26 （稲盛，2014，pp.405-406）
27 （稲盛・山中，2017，p.192）
28 （稲盛・山中，2017，p.193）
29 （稲盛，2014，p.1）
30 （稲盛，2014，p.2）
31 （稲盛，2014，p.223）
32 （稲盛・山中，2017，p.187）
33 （稲盛，2014，p.2）
34 （佐々木，2021）
35 （原，2013，p.21）
36 （岩崎，2016，p.123）
37 （稲盛・山中，2017，p.140）
38 （原，2013，p.158）
39 （稲盛・山中，2017，p.135）
40 （原，2013，p.159）
41 （原，2013，p.160）
42 （原，2013，p.166）
43 （堀，2015）
44 （原，2013，pp.243-244）
45 （アリエリ，2013，p.22）
46 ダン・アリエリは，非合理を不合理と示している。
47 （アリエリ，2013，p.22）
48 （Kahneman & Frederick, 2002, p.51）
49 本書ではシステム1を直感的思考，システム2を熟考的思考と表現する。
50 （Kahneman & Frederick, 2002, p.51）
51 （杉本，2020，p.83）
52 （カーネマン，2014，上p.68）
53 （カーネマン，2014，上p.14）
54 （カーネマン，2014，上p.20）
55 （岩澤，2020，p.51）
56 （カーネマン，2014，上p.20）
57 （カーネマン，2014，上p.43）
58 （JLGC, 2022, p.2）
59 （セイラー＆サンスティーン，2009，p.17）
60 （JLGC, 2022, p.2）
61 （JLGC, 2022, p.4）
62 （セイラー＆サンスティーン，2009，p.18）
63 （JLGC, 2022, p.1）

64　（JLGC, 2022, p.6）

65　（JLGC, 2022, p.11）

66　（JLGC, 2022, p.12）

67　（Michie et al., 2011）

68　（友野，2006，p.71）

69　（岩澤，2020，p.91）

70　（カーネマン，2014，上p.232）

71　（セイラー＆サンスティーン，2009，p.47）

72　（友野，2006，p.73）

73　（カーネマン，2014，下p.68）

74　（カーネマン，2014，下p.67）

75　（カーネマン，2014，下p.67）

76　（カーネマン，2011，p.39）

77　（岩澤，2020，p.121）

78　（カーネマン，2014，下pp.96-98）

79　（カーネマン，2014，下p.97）

80　（カーネマン，2011，p.40）

81　プロスペクト理論では，人の意思決定の特徴を「価値関数」と「確率加重関数」の2つ
　　で説明している。

82　（カーネマン，2014，下p.100）

83　（Michie et al., 2011）

84　（セイラー＆サンスティーン，2009，p.95）

85　（佐々木，2021）

86　（佐々木，2011）

87　（齊藤ほか，2017）

88　社会的選好の互酬性は，互恵性と書かれているものも多くある。互酬性と互恵性は同意
　　語である。

89　（佐々木，2011）

90　（齊藤ほか，2017）

91　（齊藤ほか，2017）

92　（m3.com地方版（熊本，2020.8.28配信）

93　（大竹・平井，2018，p.219）

94　（環境省，2019）

95　（千葉市総務局，2020）

96　（岩澤，2020，p.59）

97　（岩澤，2020，p.157）

98　（北村，1990）

99　（Michie et al., 2011）

100　（カーネマン，2014，上p.392）

101　（セイラー＆サンスティーン，2009，pp.115-117）

102　(カーネマン，2014，上p.101)
103　(カーネマン，2014，上p.99, 228)
104　(Chan & Park, 2015)
105　(Michie et al., 2011)
106　(カーネマン，2014，上p.30, 247)
107　(カーネマン，2014，上p.187)
108　(Michie et al., 2011)
109　(カーネマン，2014，下pp.298-299)
110　(Michie et al., 2011)
111　(大竹，2019，p.21, 24)
112　(大竹，2019，p.25)
113　(佐々木ほか，2018)
114　(山根ほか，2019，pp.34-35)
115　(Milkman et al., 2011，杉本，2020，p.85)
116　(山根ほか，p.36, 37；Ariely and Wertenbroch，2002)
117　(Michie et al., 2011)
118　(Dolan, et al., 2010；Dolan, et al., 2012)

^第**4**^章

[LAST STEP] アイディアを発想させ，創造性を高める問題解決マネジメント

―スティーブ・ジョブズ氏のリーダーシップ＆発想法SCAMPER法―

LAST STEP
問題解決
マネジメント

ラストステップではジョブズ氏のリーダーシップと発想法から問題解決マネジメントを学びます。

　リーダーは日々問題の解決に追われ，新しいアイディアを求められています。また部下の指導においても，問題解決に導き，企画提案のアドバイスをしなければならないでしょう。解決しなければならない問題は多種多様であり，その答えは単純なものではないはずです。リーダーは複雑にからまった問題を解決するため，業務改善や企画提案など，多様なアイディアを生み出すためのノウハウを獲得する必要があります。

　トップリーダー編では，アップル共同創業者であるスティーブ・ジョブズ氏にフォーカスします。ジョブズ氏は現実に欠けているものを想像し，直感からアイディアを生み出して問題解決に導いています。ジョブズ氏は超人的なカリスマリーダーであり「ジョブズ氏のマネをしましょう！」と言われても「それは難しい，現実的ではない」と考える方が多いでしょう。しかし，ジョブズ氏からわたしたちが学べるリーダーシップは少なくありません。トップリーダー編では，ジョブズ氏から汲むことができる教訓は何か？を探ります。

　一般的にわたしたちはそう簡単にアイディアを生み出せたりしません。アイディアをたくさん生み出し問題解決の糸口を見つけるためには，適切な手法を知る必要があります。メソッド編ではリーダー自身がアイディアを生み出し，部下の指導においても効果的な発想の切り口（質問）を与えることができる発想法をお伝えします。

　さぁ，みなさまは最後のステップまで上がってきました。このラストステッ

プをクリアしたあなたは，リーダーに求められるコミュニケーションマネジメ
ントの能力が獲得できていることでしょう。その先には，部下の成長が待って
いるのです。

【ラストステップでフォーカスするトップリーダーとメソッド】

トップリーダー編	メソッド編
スティーブ・ジョブズ氏 人心を掌握し革命的な製品を世に送り出した アップル共同創業者	問題解決マネジメント能力 アイディアを発想させ，創造性を高める 発想法　SCAMPER法

【ラストステップであなたができるようになること】

■ 検討するべき問題の視点や着眼点を多角化，多様化させる質問により，部
下の思考を活性化させ，考えを広げることができるようになります。

■ 限られた時間の中で，効率的にアイディアを発想するための適切なアドバ
イスができるようになります。

■ 創造的な思考を修得し，課題解決や業務改善の効果的なアイディアを考え
られたり，指導したりできるようになります。

■ ミーディングで行き詰まったとき，参加メンバーの発言を適切に促し，重
要なポイントを引き出して議論を広げるなど，効果的なファシリテーショ
ンができるようになります。

【こんなリーダーはいませんか？】

あなたの周りにこんなリーダーはいませんか？

■ 問題を解決するためのミーティングで，メンバーへの効果的な質問やアイ
ディアを生むための適切な投げかけができず，時間ばかりかかって効率が
悪いミスリード上司

■ 「アイディアが乏しい，もっと意見はないのか？」と，注文はつけるものの，
適切なアドバイスがまるでできないリーダー

■ 誰からも意見が出なくて，場がシーンとなり気まずい雰囲気の会議を放置
するマネジャー

ラストステップ【トップリーダー編】

　みなさまが抱くスティーブ・ジョブズ氏のイメージはどのようなものでしょうか？　感情的で妥協を許さず，厳しい希代のカリスマ経営者，というところでしょうか。

　完璧を求める情熱と猛烈な実行力とでパーソナルコンピューター，アニメーション映画，音楽，電話，タブレットコンピュータ，デジタルパブリッシングの6つもの業界に革命を起こしたクリエイティブなアントレプレナー（起業家）スティーブ・ジョブズ氏。ジョブズ氏の人生はジェットコースターのようであり，やけどをしそうなほど熱く激しい個性をもっていることは様々なメディアで紹介されています[1]。

　ジョブズ氏は誰よりも多くの，まったく新しい製品を生み出し，世界一クリエイティブな会社を作り上げました。そのDNAにはシンプルな美しいデザイン感覚や完璧主義，想像力が組み込まれています。ジョブズ氏は様々な業界を根底から変える製品を次々と生みだした功績により，100年後まで記憶に残る経営者として歴史に名を残しています[2]。米国のビジネス誌『Fortune（フォーチュン）』でも過去10年間で最も優秀な経営者に選ばれています。ただし，この名声は苦難の末にリーダーとしての能力を身に付けて得たものです。ジョブズ氏は現実的で賢明な大人の判断を繰り返し，自分自身がもがきながら成長し，優れた経営者への道を開いたのです。ジョブズ氏はどのような思いで仕事に立ち向かい，どのように人と関わり，人を育ててきたのでしょうか？

　ラストステップ【トップリーダー編】では，これらの点にフォーカスしてスティーブ・ジョブズ氏のリーダーシップから，わたしたちが取り入れられる問題解決マネジメントを探ります。

1．スティーブ・ジョブズ氏の生き方「こだわり―シンプルで美しく，完璧を求める」

（1）　スティーブ・ジョブズをしのんで

Remembering Steve.（スティーブをしのんで）

　アップルのウェブサイト（https://www.apple.com/stevejobs/）には，56歳でこの世を去ったスティーブ・ジョブズ（Steve Jobs）氏を追悼するウェブページがいまでも残されており，世界各国100万人を超える人々からのメッセージがつづられています。

　本名スティーブン・ポール・ジョブズ氏は1955年に米国サンフランシスコで誕生しました。二大カリスマCEOとして共に時代を牽引してきた，よきライバルであるマイクロソフトの共同創業者ビル・ゲイツ氏も，同年シアトルで誕生しています。

　ジョブズ氏は誰もが知るアップル共同創業者の１人であり，AppleⅡによって個人が手軽に使えるパーソナルコンピューターの概念を市場に普及させ，マウスを使って操作するコンピューターMacintosh／Mac（マッキントッシュ／マック）を世に送り出しています。その後のiPod，iTunesは音楽業界に変革をおこし，世界中の人が愛するiPhone，iPadを誕生させます。

　コンピューターとソフト開発企業のNeXT（ネクスト）やトイ・ストーリーでおなじみのピクサー・アニメーション・スタジオ[3]の共同創業者でもあります。ジョブズ氏は，様々な業界を根底から変える製品を30年にわたって次々と生み出してきたのです。その製品はジョブズ氏の思想や希望，感性が盛り込まれています。洗練されシンプルで美しく完璧を求める，ジョブズ氏のこだわりが形となっていると言えるでしょう。

　ジョブズ氏がこの世を去ることになる７年前の2004年初夏，ジョブズ氏自身が「僕の伝記を書いてほしい」と頼んだのは，米国ニュース雑誌『TIME（タイム）』元編集長でニュースチャンネルCNNのCEOでもあったウォルター・アイザックソンです。ジョブズ氏は2003年10月に腎臓結石の治療を受けた際の検査で膵臓がんが見つかります。ジョブズ氏が２回目の病気療養休暇に入った

2009年から2011年10月 5 日に亡くなる前までの 2 年間，ウォルターによる50回もものインタビューが行われ，2011年10月24日，公式伝記『Steve Jobs（スティーブ・ジョブズ）（I・II）』（講談社）が出版されます[4]。ここにはジョブズ氏が何をしてきたのか，何を後世に残すのか，その思いと真実が綴られています。

なお，ジョブズ氏に関する本はたくさんありますが，アップルが「どの本よりもスティーブを正確に描いている」と評価している書籍は『Becoming Steve Jobs：ビジョナリーへの成長物語（上・下）』（日本経済新聞出版）です。これは，米国『ウォール・ストリート・ジャーナル』紙に記事を書いていたブレント・シュレンダーと『フォーチュン』誌の元副編集長リック・テッツェリが，アップル追放から失敗続きのジョブズ1.0が希代の経営者といわれたジョブズ2.0へと成長する様を描いたものです。

（2） こだわり①—シンプルであること

ジョブズ氏のつくる製品には，強いこだわりが込められています。常にシンプルであること，芸術的で美しいデザインであること，完璧であることにこだわりをもち，追求し続けてきました。これらのこだわりが洗練されたセンスの良さにつながり，愛される製品が生まれたのでしょう。

ジョブズ氏の第 1 のこだわりはシンプルさを追求することです。そのためアップルの製品は，すっきりとシンプルであることを信条としています。

中央大学ビジネススクール名誉教授で日本マーケティング学会元会長であり，ブランド論，消費者行動論，広告論を専門とする経営学者の田中洋氏は次のように述べています。「リーダーは自分のこだわりに自覚的であること，また他の基準に照らしてそのこだわりに正当性を示すことが必要です。ブランドとは理詰めで考えるだけではありません。企業が人々と感情的に共感することです。ジョブズがこだわるポイントのひとつにシンプリシティ（Simplicity）があります。シンプルなことはモダンな生活に底流している流れですが，彼のシンプルさへのこだわりがアップル製品への多くの支持者を生み出しました」

ジョブズ氏が製品に求めたシンプルさは，ユーザーの感情に触れ共感につながっていたのでしょう。**こだわりは情熱であり信念です。こだわりこそが企業の技術を進歩させ，社会を豊かに発展させる原動力となるのです。**

　ジョブズ氏のシンプルさに対するこだわりは「洗練を突きつめると簡潔になる」と表現され，アップル初期のパンフレットの表紙にも大きく掲載されました。デザインをシンプルにする根本は，製品を直感的に使いやすくすることであり，ジョブズ氏が主眼に捉えているのは「直感的に物事がわかるようにする」ことなのです[5]。

　そのためプロジェクトがスタートすると，チームは常に「シンプル」が要求されます。複雑な提案はジョブズ氏に却下されます。例えばiPodの開発において，曲でも機能でも３クリック以内でたどり着かなければならないし，どこをクリックすべきか直感的にわからなければならないのです。シンプルさの極致は，iPodにオン・オフのスイッチをつけないという決定でしょう。これ以降，アップルの機器は大半がそうなるのです[6]。

　　（ジョブズ）すばらしいデザインとシンプルな機能を高価ではない製品で実現できたらいいなと思ってきた。それこそ，アップルがスタートしたときのビジョンだ。それこそ，初代マックで実現しようとしたことだ。それこそ，iPodで実現したことなんだ[7]。

　ジョブズ氏のシンプルへのこだわりは，子どものころ実家の周辺にあった建売住宅への興味が影響しています。こぎれいなデザインとシンプルなセンスを低所得の人々にもたらす，優れた機能をもった住宅は，彼にインパクトを与えたのです。このときの感動が，のちにくっきりとしたデザインを持つ量販品の提供に情熱を燃やすきっかけとなります[8]。この思いは「自然はシンプルさと一貫性を愛する」というジョブズ氏の信条につながります。

　製品にシンプルさを求めることは，ユーザーが本当に使いやすいよう配慮することに直結します。シンプルなものは美しくもあります。直感的にわかるものは，長く使い続けてもらうことができるでしょう。一方，複雑化した製品は，ユーザーの思考や行動に負荷をかけます。

　シンプルで美しい商品は，卓越した技術力があるからこそ成し遂げられます。シンプルさを突きつめた製品はジョブズ氏の思いだけではなく，チームメンバーがモチベーションを高くもち，精魂込めて作り上げた結果でもあります。

美しさと機能性を実現する，このこだわりがアップルの技術力を高めるのです。

　角張った大きいコンピューターが主流の時代に，ジョブズ氏はマッキントッシュの開発において電話帳のサイズを上限とし，ポルシェのような曲線美を求める宣言を発します。この宣言にエンジニアはみな，顔色を失います[9]。それでもメンバーは，厳しい課題をクリアしていくのです。ジョブズ氏の要望に応えるため，アップルのチームメンバーは様々なアイディアにより技術力を高め，問題を解決していきます。

　なぜメンバーは厳しい要望に応えようとするのでしょう？　ジョブズ氏のメンバーに対する関わり方はどんなものなのでしょう？　この点については，本章の2項（153頁〜）以降でご紹介します。

　シンプルとは簡潔，明快であることです。ビジネスにおいてもシンプルさへのこだわりは重要です。企画書やプレゼン資料に様々な内容を加えることはよくあることです。しかし，あれもこれもと説明が加わることで問題点や課題がわかりにくくなります。簡潔で明快なことは記憶に残りやすいため，活用しやすくなります。何ごともシンプルなことは，使い勝手がよくわかりやすくなる秘訣といえるでしょう。

（3）　こだわり②─美しいデザインであること

　第2のこだわりは美しいデザインへの追求です。ジョブズ氏のデザインに対する感性は，父親[10]であるポール・ジョブズから教え込まれます。ジョブズ氏は「戸棚や柵を作るときは見えない裏側までしっかり作らなければならない」と，父から教えられます。中古車をレストアして販売をする仕事をしていたジョブズ氏の父は，きちんとするのが大好きであり，見えない部品にさえ気を配っていました。そして，車体のカーブや三角窓，クローム部品，シートの状態など，細やかなデザインの優れている点を息子に教えていたのです[11]。

　「優れた工芸品は，見えないところもすべて美しく仕上がっているものだ」と教えられて育ったジョブズ氏が，このことをどれほど突きつめようとしたのかは，プリント基板の例を見るとよくわかります。基板はマッキントッシュの奥深くに配置され，消費者の目に触れることはありません。その基板にさえ，ジョブズ氏は美しさにこだわり抜くのです。「形態は感情に従う」を基本的な

考え方としているのです。

　新参のエンジニアが「重要なのは，どれだけ正しく機能するかだけだ！」と反論したときも，ジョブズ氏はいつもどおりの反応をします。

　　（ジョブズ）できるかぎり美しくあってほしい。優れた家具職人は美しいチェストをつくるとき，誰も見えないところだからといって背面に合板は使いません。作った本人にはすべてわかるからです。夜，心安らかに眠るためには，美を，品質を，最初から最後まで貫き通す必要があるのです[12]。

　当時，工業デザインは停滞気味で，ジョブズ氏はその状況を変えたいと強く望んでいました。若手デザイナーであるリン氏は「ジョブズ氏のデザイン感覚は華美ではなく流麗で，ワクワク感があります。簡素を旨とする禅に傾倒していたからだと思うのですが，彼はミニマリズムを信奉していました。そして楽しい製品にするのです。情熱的でデザインとものすごく真剣に向き合いますが，遊び心を忘れないのです」と，ジョブズ氏を評価しています。

　ジョブズ氏はデザイン感覚を磨く過程で和のテイストに惹かれ，イッセイミヤケなどデザイナーとの付き合いを深めていきます。この背景には仏教があります。日本の禅宗はすばらしく，美的であると感じていたのです[13]。

　ジョブズ氏はマッキントッシュのデザインモデルをチームから提案されるたびに，様々な批判をします。一方で，褒めることも忘れません。ジョブズ氏は美しく親しみの感じられるマシンにこだわり，最終的には満足するマックのケースが完成します。

　このケースデザインの特許には，ジョブズ氏の名前も含まれています。デザインメンバーは「スティーブが図面を描くことはないが，彼のアイディアやインスピレーションがなければ，あのデザインは完成しなかったのです。スティーブに教えられるまで，コンピューターが"親しみやすい"とはどういうことなのか我々にはわかりませんでした」と回想します[14]。

　ジョブズ氏がアップルに復帰した後，1998年に発売されたiMacは，翌年キャンディカラー（ストロベリー，ライム，ブルーベリー，タンジェソン，グレー

出所：WIRED JAPAN 2008.9.2

プ）を追加して 5 色展開となります。テレビに流れたカラーiMacのコマーシャル（CM）は，マックのデザインの美しさが際立ち，洗練されたCMと相まってインパクトがありました。美しさはセイリエンス（目立つこと，際立つこと）であり，記憶に残り，想起されやすくなります。そのせいか，今でもそのCMは記憶に鮮明に残っています。センス抜群の映像と，バックに流れるミックジャガーのShe's a Rainbowで構成されたCMは秀逸でした。

　「ジョブズ氏の想像力は予想もできない形で直感的にジャンプをして，それは魔法のようです」数学者のマーク・カッツはジョブズ氏のことを「魔法使いのような天才」と表現しています。どこからともなく着想が湧き，知的な処理能力よりも直感で正解を出してしまうタイプの人間がジョブズ氏なのです。ジョブズ氏はまるで探検家のように周囲の状況を把握し，風の匂いをかぎながら，先に何があるのかを感じることができるのです[15]。

　幼少期に父親から教え込まれた感性と禅宗から導かれた簡素で流麗な美的感覚はこだわりの核となります。このこだわりが，チームメンバーを共感させ，見えないところまで徹底された美しさと高い機能性を生み出します。それはユーザーの感情を震わせ，多くの人の心を取り込むヒット商品になるのです。

　美しさはバランスの良さであり，整っていて快く感じられるものです。そして洗練され，心をひかれるものです。美しさは手を抜いたら得られません。ビジネスにおいても美的感覚は必要でしょう。書類も報告書も文章も，美しさは基本となります。

　見えないところを想像し，機能的な美しさを求める。感性を磨くため，リーダーは自分の周りにある小さな出来事に気をとめて，注意を向けて興味を抱き，受け入れる感受性が必要なのです。

（4）　こだわり③―完璧であること

　第3のこだわりは完璧を追求することです。シンプルさを極めることも，美しいデザインを徹底することも，完璧主義者であるがゆえでしょう。ジョブズ氏は完璧主義すぎて自宅の家具がなかなか選べなかった逸話をもちます。伝記『スティーブ・ジョブズ』（講談社）には，何もない部屋でジョブズ氏が床にあぐらをかいて座っている写真が掲載されており，それを物語っています[16]。

　ジョブズ氏は完璧主義のため，ハードウェアからソフトウエア，コンテンツ，マーケティングにいたるまで，製品のありとあらゆる側面を一体化しなければ気がすみません[17]。チームも自分自身も限界まで追い込みます[18]。スムーズなスクロールにもこだわり，情熱を傾けます。文章をスクロールするとき，行単位でカクンカクンと動くのではなく，流れるように動くべきだと考えるのです[19]。

　ジョブズ氏のモットーに「妥協するな」「出荷の瞬間まで完成ではない」があります。おかしなものを作るくらいなら，遅れたほうがましだと考えるのです。プロジェクトマネジャーならばトレードオフを受け入れ，この日以降は変更しないと決めるのが普通でしょう。しかしジョブズ氏は完璧を求めるのです[20]。

　完璧主義を貫くことは，ジョブズ氏1人で達成できるわけではありません。シンプルと美しいデザインを追求することと同様に，メンバーがそれに応えられる技術力とモチベーションをもっていないとやりきれません。

　ハーバード・ビジネス・スクール経営学教授のトーマス・J・デロングは，完璧主義者の傾向を以下のように指摘しています。完璧主義者は他人にイライラしたり，他人を酷評したりする傾向があり，仕事を任せるのが下手です。そして「自分ほどそれをうまくやれる人間はいない」と，心のどこかで本気で思っているのです。おまけに完璧主義者は時間を適切に配分するのが下手で，9割程度やれば十分なときに残り1割を必要以上に重視します。

　一方，プラスの面もたくさんあります。完璧主義者はみな，自分のやっていることに全身全霊で取り組みます。実際，完璧主義者は卓越性に強くこだわるがゆえに，概して周囲の人々の基準を押し上げるのです[21]。

　みなさまの中にも完璧主義者はいらっしゃるでしょう。**完璧主義者は仕事が丁寧であり，強い責任感で最後までやり抜くことができます。クオリティの高い結果を生み出せるチームをつくることにもつながります。**ジョブズ氏の完璧主義はシンプルで美しいデザインの製品を生み出し，チームの技術力とモチベーションを高めることに貢献しているのでしょう。

２．能力をのばしモチベーションを高めるストレッチゴール

（1）　限界に挑戦する「ストレッチゴール」

　さて，ここまでジョブズ氏のこだわりである①シンプルさ，②美しさ，③完璧主義について述べてきました。このジョブズ氏の3つのこだわりはアップルでのリーダーシップにつながり，チームメンバーの能力を飛躍的にのばしています。アップルの成功とメンバーの高い技術力は，最初インテルで発案され，のちにGoogleで採用された仕事の管理術 OKR（Objectives and Key Results）手法のストレッチゴール（野心的目標）という考え方に起因している，とも考えられます。

　ストレッチゴールの考え方では，目標達成率は60−70％に設定されています。つまり，必ずしも100％の達成を目指してはいないのがOKRです。100％の達成はかなり高いレベルに設定されています。もし100％達成できた場合は，それなりの報酬が用意されていますが，簡単には達成できません。従業員はとりあえず70％の達成を目指しますが，その中により高い達成を求めて創意工夫する人が出てきます。またそれが従業員のモチベーションになることも多いのです。

　まさにストレッチゴールこそがメンバーのモチベーションを高め，自分の能力ぎりぎりの限界を試し，アップルのメンバーが高みを目指した要因といえるでしょう。

① 　実行がすべてだ

　OKRは Objectives and Key Results（目標と主要な結果）の略称で，目標達

成のための管理手法の１つです。**OKRでは「アイディアを思いつくのは簡単であり，実行がすべてだ」という考えのもと，高度な目標（Objectives：O）と主要な結果（Key Results：KR）を企業やチーム，個人が各々連携して設定します**[22]。

　この手法は，世界最大手のCPU（中央演算処理装置，コンピューターの制御，演算などを行う装置）メーカーである米国Intel社で開発されます。そのノウハウはシリコンバレーの伝説的なベンチャーキャピタリストであるジョン・ドーアによって，世界最大の検索エンジンGoogle社に伝授されます。OKRは野心と想像力を最大限に解き放ち，Googleが10倍成長を遂げることに貢献した，目標設定手法の１つです[23]。

　例えば，GoogleはＧメール開発でのOKR設定において，途方もなく果敢な目標を掲げ，10倍主義を実現させます。当時ウェブベースのメールシステムの問題はストレージの少なさで，通常は２〜４メガバイトしかありませんでした。新しいメールを受け入れるためには，古いメールを削除しなければなりません。そこでGoogleのリーダーは，当初100メガバイトの目標を設定します。しかしGoogleは社運を賭けた大胆な目標にスイッチし，競合の500倍以上の水準である１ギガバイトのストレージ提供を試みます。この成功により，デジタル・コミュニケーションの様相は一変します。達成するには，問題を新たな視点から考え直し，技術的に何が可能かを探求し，そのプロセスを楽しむことが必要なのです[24]。

　既に述べたようにOKRの最大の特長が「ストレッチゴール（野心的目標）」です。ジョブズ氏は，**メンバーが限界に挑戦するためのストレッチゴールを設定し，驚異的な成果に向けてメンバーの能力を引きのばしたと考えられます。**

　　（ジョブズ）手加減して人を扱うことではないのです。人を育て上げることがわたしの仕事です。会社の異なる要素を組み合わせ，カギとなるプロジェクトの道を開いて土台をつくっていく。そして有能な人材をぎりぎりまで鍛えて，その力をさらに高めるのがわたしの仕事なのです[25]。

② 野心と想像力を最大限に解き放つOKR

　OKRの定義は「会社内のあらゆる組織が同じ重要な課題に全力で取り組むようにするための経営管理手法」です。O（Objectives：目標）は，何を達成すべきかであり，人々を鼓舞するようなものです。KR（Key Results：主要な結果）では，目標をどのように達成するかを定めます[26]。

　目標設定では，困難な目標のほうが楽な目標よりパフォーマンスを高めるのに有効です。具体性のある困難な目標のほうがアウトプットの水準が高くなります（図表4-1）。

　ここでの【目標】は進むべき方向であり，目指すべき場所です。一方，【主要な結果】はマイルストーンです。そのため，測定可能なものでなければなりません[27]。このOKRは会社，チーム，メンバーの各レベルを連動させて設定することで，企業も個人も成長できるのです。

【図表4-1】　質の高いOKR例

悪いOKR設定	普通のOKR設定	良いOKR設定
【目標】生産性を高めて●●市場で支配的地位を獲得する		
【主要な結果】 • 既存事業で1人当たりの売上高をあげる • 新規に顧客を獲得する	【主要な結果】 • 既存事業で1人当たりの売上高を前年比10%あげる • 新規に顧客を5件獲得する	【主要な結果】 • 既存事業で1人当たりの売上高を前年比30%あげる • 既存事業に関するプレゼンの機会を10社獲得する • 新規に顧客を10件獲得する • 新規顧客リストを100件作成する • 新規顧客との面談を30件獲得する

出所：ドーア［2018］p.88を参考に筆者が作成

③ 限界に挑戦する欲求：ストレッチゴール

　GoogleはOKRを2つのカテゴリーに分けています。「100％達成しなければならない（コミットする）目標」と「社運を賭けた大胆で野心的な（ストレッ

チ）目標」です。ストレッチゴールでは，壮大なビジョン，高いリスク，未来志向の発想を反映する必要があります。そのため平均70％達成できれば成功であり，失敗は織り込み済みなのです[28]。

　メンバーの中には，自分の能力ぎりぎりの限界を試そうとし，パーソナルベストを出す人がいます。しかし，誰もがそうした高みを目指そうとする性質を生まれつき持ち合わせているわけではありません。自分と部下から最高のパフォーマンスを引き出したければ，ストレッチゴールの設定が極めて有効なのです[29]。すべての目標について100％達成を目指すのは，チームが十分限界に挑戦していないことを意味します。リーダーは部下に目標達成は不可能だと思わせずに，困難に挑戦させなければなりません。自分たちの能力の限界に挑戦し，それを超えていくことが重要なのです。ストレッチゴールはチームの進むべき方向が明確になり，進捗を測るバロメーターとなるのです。自己満足に陥ることは不可能なのです[30]。

（2）　ストレッチゴールの注意点

　ストレッチゴールでは以下の3点に注意します。

　①ストレッチゴールに取り組むメンバーへの承認は欠かせません。ジョブズ氏も部下への承認を忘れません。マックの仕事が終わったとき，ジョブズ氏はチームの主要メンバー46名の署名を，出荷するマックすべての見えないところに刻んでいます[31]。一緒に頑張った人へのねぎらいや承認はモチベーションを高めるためにも重要です。残される名前は達成感につながります。

　②目標未達の際にあきらめるのではなく「確かに目標には届かなかったが，この壁を突破するための基礎を据える時期なのです。これからどこを変えればよいのだろうか？」と，次に向けて進むことです。適当に取り繕って切り抜けてはいけません[32]。

　③ストレッチゴールでは個人が悪い評価を恐れず，のびのびと失敗ができる環境をつくる必要があります。社員の相対評価や順位付けはやめて，数字だけを見ず，チームプレー，コミュニケーション能力，野心的に目標設定しているかを評価します[33]。

（3）　ストレッチゴールがモチベーションを高める

　ジョブズ氏はメンバーの能力を極限までストレッチさせるために，こだわりを通して困難課題を突き付けていきます。厳しく高いハードルを越えるチャレンジが，チームメンバーのモチベーションと達成感に結びつきます。このサイクルこそが，アップルの成功につながるのです。

　才能のある人にとって最高のモチベーションは，めちゃくちゃすごいなにかをやり遂げたときに得られる達成感だということをジョブズ氏は理解しているのです[34]。ジョブズ氏によるメンバーへのストレッチゴールの設定と，それに伴い高まるメンバーのモチベーションは，メンバーからのコメントでも確認できます。

　iPod開発部隊のメンバーは，好奇心と意欲で限界を超えようとする自分たちをジョブズ氏が後押ししてくれると感じています。「スティーブのもとで仕事をすると，不可能を可能にできると学べるのです。これがいいんです[35]」

　できない，難しいと思われることを任されたとき，人はモチベーションが高まります。そしてできた時の達成感は最高のものとなります。状況を判断する必要はありますが，**部下に能力のストレッチを試みることは，潜在的な才能を開花させ，モチベーションアップにもつながるでしょう。**

3．点と点が将来結びつく

　みなさまの部下は，いまやっていることが先々何につながるのか，この先何の役に立つのか，わからずに日々を過ごしている方が多くいるのではないでしょうか。場合によっては，リーダー自身もそのように感じることがあるかもしれません。先が見えなくて今を見失ってしまうと心は疲労困憊してしまいます。

　今やっているどんなことにも無駄はなく，経験はすべていつか何かの役に立ちます。**「点は必ず将来に結びつくのだ」と，過去の経験を現在の問題解決に結びつけようと考えることが大切なのです。**ジョブズ氏はスタンフォード大学卒業式での1つめのスピーチで，点と点を結ぶことについて語っています。

　ジョブズ氏はリード大学に入学後半年で中退し，そのあと18か月間様々な講義を聞いて歩く中でカリグラフィ[36]のクラスに出会います。ここで活字書体について学び，書体へのこだわりを持つようになります。そして初代マッキントッシュを設計していたとき，カリグラフィの授業やその美しい書体の記憶がよみがえったのです。このマッキントッシュに搭載された美しいフォントの数々は，のちにレーザープリンターや素晴らしいグラフィクス機能と組み合わされ，デスクトップパブリッシング産業を興すとともに，アップルの収益を大きく後押しすることになります[37]。

　　（ジョブズ）カリグラフィコースの履修は，なにかの役に立つはずだと思って受講したわけではありません。でも10年後，初代マッキントッシュコンピューターを開発していた時これを思い出し，マックに組み込みました。こうして美しいフォントが用意されたコンピューターが初めて生まれたわけです。リード時代にあのコースを取らなければ，マックに複数種類のフォントが掲載されることもなく，プロポーショナルフォント[38]が搭載されることもなかったでしょう。（中略）もちろん，大学時代に先を見通して点と点を結ぶことなどできません。でも，10年後に振り返れば，点同士がつながっていることは明らかです。
　　繰り返しますが，前を見ても点と点を結ぶことはできません。後ろを振り返らないと結べないのです。ですから，点はいつかつながると信じる必要があります。（中略）そのおかげでわたしの人生は大きく変わりました[39]。

リーダーのみなさまも今振り返れば，あの時の経験が今の自分につながっていると感じることがいくつもあると思います。蓄音機，白熱電球を発明したトーマス・エジソンも「作り上げたものがうまく機能しなくても，それを無駄な物だと決めつけてはいけない。それは次の一手になる」と，言葉を残しています。いまの失敗も成功もすべての経験が次につながっていくのです。
　ただし，勝手に点と点が結びつき，素晴らしいアイディアにつながるわけではありません。ここで重要なことは，マッキントッシュを開発していたとき，

カリグラフィの授業を想起し，マッキントッシュの字体に結びつけたことです。**経験がすべて想起されるわけではありませんし，何かと結びつくとも限りません。いかに過去の出来事を，何かと結びつけるよう考え抜くのか？　そこがポイントとなるのです。**

　では，わたしたちが日常的にアイディアを生み出し，問題を解決するためにはどうしたらよいのでしょうか？　米国の組織行動学者デイビッド・A・コルブ（D.A. Kolb）が提唱した理論に，経験学習があります。これはレヴィン（K. Lewin）やピアジェ（J. Peaget）といった経験主義者の研究を発展させたものです。経験学習には「自分の直接的な経験からの学び」「他者の経験やアドバイスからの学び」「研修や書籍からの学び」の3種類があります。

　経験はすればよいわけではなく，これらの経験を次にどう活かすのかというプロセスが重要です。そのプロセスを理論化したものが「経験学習サイクル（**図表4-2**）」です[40]。

　コルブによると，人は①経験をし，②その経験を振り返り，③そこから何らかの教訓を引き出し，④その教訓を別の状況に適用することを通して，経験か

【図表4-2】　コルブの経験学習サイクル

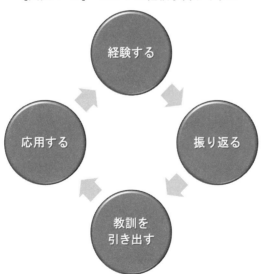

出所：松尾［2019］p.36

ら学びます[41]。

　部下の経験を現在に活かすためには，まず過去の経験を振り返る必要があります。小さいものも含めて棚卸をすることからはじめましょう。棚卸した経験を見直すことは使える情報を整え，アイディアを生み出すことにつながるのです。

　例えばプロジェクトで，ある専門性の高い知識が必要になったとしましょう。この問題を解決するとき，過去に会った人を資源としてアイディアを探ることができます。そこで過去に頂いた名刺や会った方のリストを1からゆっくり見直していきます。直接その専門性をもっている方がいない場合でも，人から人につながる可能性があります。1人ひとりのネットワークを想像しながら，可能性を探るのです。どこかにヒントが潜んでいるかもしれません。ただし，これは過去の名刺や面談リストが整理されていないとできません。日頃から情報や資源を整理することにも気を配りましょう。

　部下の営業成績があがらない場合は，リーダー自身の経験や他の営業パーソンはどうしていたか？　これらを思い出して棚卸することが有効です。過去の経験では得意先に売り込むのではなく，得意先に徹底的に聞くことでニーズを知り，これが提案につながったとしたら，その点を部下にアドバイスすることができるでしょう。そのためにも，日頃から過去の出来事や経験を整理することは大切なことです。

　過去の経験は仕事に限ったことではありません。プライベートを含めてすべての経験が役に立つでしょう。**過去の点と未来の点を結びつけることは結果論ではなく，自らが点を引き寄せつなぎ合わせることが重要でしょう。それが多くのアイディアにつながるのです。まずは経験の棚卸をはじめてみましょう。**

4．即戦力になるような人材なんて存在しない

　ジョブズ氏は史上最高のCEOの1人に挙げられていたものの，人に厳しく人を使えないという評判が多かったことは否めません。人は経験を重ねて変わります。それはジョブズ氏も同じです。部下とのかかわり方を読み解けば，人の能力を引き上げるためのジョブズ氏の熱い思いが伺えます。

　（ジョブズ）どう質問したらいいかがわかるようになるんだ。やりたいことをすべてできるほど，優秀な人の数は多くない。だから今はＡチームに何かをやらせる前に，よく考えるようになった。忍耐強くなったからじゃないんだ[42]。

　質問は考えを広げ，問題の解決やアイディアの着想に有効な手段です。つまりジョブズ氏は質問によって部下の思考を掘り下げ，本質に導いていたのだと考えます。では，ジョブズ氏はどんな質問や投げかけをしていたのでしょう。

"どうすれば前に進めるのかな"

　ピクサー共同創業者のエド・キャットムルによると，ジョブズ氏はピクサーでもメンバーを励まし続けていました。失敗を繰り返し次々袋小路に陥っても「ミスしやがって」とは言いません。言うのは「どうすれば前に進めるのかな」でした。ぎりぎりのことをしていれば，うまくいくこともうまくいかないこともあります。失敗していないのにうまくいかないときは，なにか思い違いをしているはずだ，とジョブズ氏はそう考えるのです[43]。

　ピクサーで「トイ・ストーリー」の制作が中止される事態に発展する中，ジョブズ氏は常に前を向き，具体的にどうすれば前にすすめるのか，制作陣にも進めるためにどうしたらよいのかを問うていくのです。その後，制作は再開され，ジョブズ氏は予算獲得に奮闘するのです。

"われわれが今後すべきことを10上げてくれ"

　ジョブズ氏はアップルのトップクラス社員100人を集めて開く研修会"ザ・トップ100"で「われわれが今後すべきことを10上げてくれ」と，メンバーに呼びかけます。次々と出てくる提案をジョブズ氏がホワイドボードに書き留めていきます。ダメなものには取り消し線を引いていくと，やがて残った10項目のリストが完成します。最後にジョブズ氏は下７つに斜線を引いて，こう宣言するのです。「われわれにできることは３つまでだ」[44]。

　このリストは，次にすべき新たな可能性をもつ項目が上位に並びます。ジョブズ氏は話し合って考えていく，その瞬間が好きなのです[45]。

　ジョブズ氏は発想法であるブレインストーミングを使って，メンバーにアイディアを次々と出させています。ただし，10のアイディアを残すためには，20，30アイディアを出せば良いわけではありません。200，300のアイディア創出が必要でしょう。そのアイディアがアイディアを生み，より良いものになっていくのです。

　アイディアは最終的にすごいパワーをもちますが，最初はぼんやりとイメージしている程度で，すぐに消えてなくなります。ジョブズ氏はそれを誰よりも理解しているのです[46]。

　多くの発想を繰り返し練り上げることで，よどみのない澄み切ったアイディアを完成させていくことは，多くのビジネスシーンで活用できる有効な方法です。リーダーのトレーニングにもなるでしょう。

"店に入ってきた顧客にどういうメッセージを伝えようとしているのか？　何を訴えようとしているのか？"

　ジョブズ氏はディズニーの小売部門の部門長に「店に入ってきた顧客にどういうメッセージを伝えようとしているのか？　何を訴えようとしているのか？」そう質問をするのです。ジョブズ氏は，来店した子どもに，その日最高の20分30分を提供するためにどうするべきかを考えるよう，メンバーに問いているのです[47]。

　小売部門にとって，顧客にどのような価値をどのように提供するのか，企業は顧客に自社製品の価値をどのように伝えるのか？　考えるのは当然でしょう。顧客起点で考えることは，ビジネスにとって大切な原理原則です。提供する製品に価値を見いだしてもらうことで経営は成り立ちます。企業の都合で，ただ売ればよいわけではないでしょう。

　何か企画をする際，本質を見極めさせるための的確な質問は，リーダーにとって必要なスキルです。リーダーは質問によって，部下の能力をあげることができるのです。本書のセカンドステップやラストステップのメソッド編では，質問により目標達成や問題解決を促す手法を紹介しています。リーダーの質問力スキルは，部下の成長に必要なのです。

"なぜそう考えたのか？""なぜそういう行動をとったのか？""なぜその見方をしたのか？"

　ジョブズ氏は「なぜ」をとても大切にしています。なぜそう考えたのか？なぜそういう行動をとったのか？　あるいは，なぜあるものに対してその見方をしたのか？　その点を自分でもメンバーに伝えます。「なぜ」を問うことは，次世代リーダーの訓練や教育にとっても必要だと考えているのです[48]。

　その企画や提案，発想に至るプロセス，意味を理解することは，特徴を理解し本質を知るためにも重要です。それを理解していることは背景を把握し，その企画や提案を有効なものにできます。これらはリーダー教育に欠かせない訓練なのです。

> （ジョブズ）われわれは10年かけてクリエイティブな人材とテクニカルな人材を育ててきました。外部から気軽に調達できるものではありません。即戦力になるような人材なんて存在しません。だから育てるのです[49]。

　ジョブズ氏は史上最高の製品を実現させ，世に送り出すために優秀な人材を内部で育て上げる思いで日々取り組んでいたことが伺えます。ジョブズ氏がマッキントッシュのプロジェクトを率いていた時，現場は問題の連続でした。しかし「これ以上は無理だ」とヘトヘトになった部下に，ジョブズ氏は「君ならできる」と伝え，部下のエンジンを再びレッドゾーンまで引き上げるのです[50]。

　リーダーが部下の可能性を信頼し，期待して「君ならできる」と伝えることは，部下に勇気と自信を与え，潜在的な能力を開花させることにつながるでしょう。 リーダーからの「君ならできる」という言葉は，自己効力感[51]や自己肯定感を育む絶大なメッセージなのです。

　部下の能力を引き上げることは，リーダーの重要な使命です。日常業務では業務をこなすことでいっぱいになります。そのため「どのように部下にチャレンジさせ，部下を信頼し，この人材をどう育てるのか？」という視点はもてないものです。それでも「どう育てるのか？」を考えて部下に指摘をし，思考を最大限に広げることは，部下が成長するポイントとなるでしょう。

5. 成長と再生

　アップル追放から復帰までの12年間，ジョブズ氏がのちに成功をもたらした
要因の大半が，この時期に学んだことによるものだと考えられています。ジョ
ブズ氏は自分の考えがまず最良だという思いを抑えて，適切な優先順位をつけ
られるようになるには，長い年月が必要でした。自分の弱みもわかっていな
かったのですから。それでも12年の道のりのなかで角が取れはじめ，言動が抑
制されはじめます。ジョブズ氏は厳しい状況にあっても好奇心も前向きな姿勢
も失わず，どん欲に学び，拾い集めたものを細大もらさず肝に銘じるのです[52]。

　崩壊寸前のアップルはジョブズ氏によってよみがえります。それはジョブズ
氏の成長のあかしでありジョブズ氏自身の再生でもあります。ジョブズ氏は適
切な規模まで会社をスリム化するための方針をきっちりと出し，アップルが再
生するために必要なことはなんでもすることを明確に示します。それにより，
ジョブズ氏を中心にバラバラに分裂していた幹部が結束するのです[53]。

　仕事をはじめた21歳のころ，ジョブズ氏は自分が生み出す発明に対する自信
から，他人の意見をすべて拒否していました。しかし，アップルを追放された
後12年の年月を経て，アップルに戻ってきたジョブズ氏は，側近としてしっか
りと反論できる人で構成された，経験豊富で統制が取れている，裁量権をもっ
た大人のチームをつくりあげます。それ以降，アップルはジョブズ氏を先頭に
世界でもトップクラスに明快で個性的なブランドを確立していくのです。
iPhoneはジョブズ氏のすべてが結晶したものです[54]。

　ジョブズ氏はコンピューター業界を根底からひっくり返します。iPhoneは，
パーソナルコンピューティングと呼ばれてきたものよりずっとパーソナルなコ
ンピューティング形式にほかならないのです[55]。

　アップルに戻ってから，ジョブズ氏は他の人の才能を認めるように変わりま
す。そういう才能に刺激を受け，自分も負けずに頑張ろうと思うように成長を
遂げます。さらには，そういう人々を刺激し，自分にはできないとわかってい
る素晴らしいことをやらせようと思うようになるのです[56]。

　お眼鏡にかなわない相手がいたとしても，恥をかかせるのではなく，2人き

りで話し合うことで絆を強めて何かを生み出す時間に変えてしまうのです。これは彼が学んだことでしょう[57]。

　ジョブズ氏は自分が間違っていたと認める勇気，変わろうとする勇気があるのです。あれほど成功してあそこまで上りつめた人は，そういう勇気を往々にして失うものなのですが，彼は真髄の価値しかみません[58]。

　新生アップル[59]の中心メンバーである最高財務責任者フレッド・アンダーソン氏は，こう回想しています。「スティーブはエンジニアではないのですが，彼は美的感覚に優れていますし，ビジョナリー（先見性のある経営者，将来を見通した展望をもっている人）でもあります。また軍勢を鼓舞する人間的魅力があります。わたしはアップルを本当に再生できるのは，スティーブしかいないと思うようになりました。すごい製品とマーケティングの会社に再生できる精神的リーダーをアップルは必要としているのです」

　当時の落ちぶれたアップルは20以上あるマーケティングチームがバラバラに動いており，製品ラインはぐちゃぐちゃ，ライセンスプログラムは何の意義もない。そんなアップルを再生させられるのは，ジョブズ氏しかいないことは明白でした[60]。混迷した組織を再生させるためには，カリスマ的な才能をもち将来のビジョンを描く，強力なリーダーシップが必要なのです。

　ジョブズ氏はスタンフォード大学卒業式のスピーチで挫折について話しています。

　　（ジョブズ）自分がつくった会社から解雇されるなんてことがあり得るでしょうか？　わたしは30歳で会社を追い出されました。破滅的でした。わたしは公然たる敗北者でしたが，自分がしてきたことを愛していました。そして再出発をすることを決めました。結局，アップルからのクビはわたしにとって最良のことでした。再び軽やかな初心者となり，人生で最も創造的な時期へと移ることができたのです。ネクストで開発した技術が，アップル再生の核となっています。もしわたしがアップルをクビにならなかったら，これらのことは何一つ起こらなかったでしょう[61]。

　人生の不運も挫折も，負をどう受け止めるのかでその先が決まるのかもしれ
ません。仮に何かを失ったとしても，初心者となることで今までとは異なる視
点ですべてを見直すことができ，新たなステージにステップアップできるので
す。部下を育てることは，失敗に注目するのではなく，その先にどうつなげる
のかが重要です。
　『スティーブ・ジョブズⅠ・Ⅱ』の最後は作家からの言葉ではなく，ジョブ
ズ氏自身の言葉で締めくくられています。

　　　（ジョブズ）チームを素晴らしい状態に保つのは僕の仕事だとずっと
　　思ってきた。僕がやらなきゃ誰もやらないからだ。前に進もうとしなけれ
　　ばイノベーションは生まれない[62]。

　最後まで最高のイノベーションを生むためにはチームをどう育て保つべきな
のか？　問い続けるのです。

Code（コーダ：終結）

　日の光がさんさんと降り注ぐとある午後，ジョブズ氏は自宅の裏庭に座り，
つらい体調に耐えながら死について考え，ウォルターに様々な話をしてくれた
そうです。

　　　（ジョブズ）死んだあともなにかが残るって考えたいんだ。こうしてい
　　ろいろな体験を積んで，たぶん少しは知恵もついたのに，それがフッと消
　　えてしまうなんて，なんだかおかしな気がするんだ。だからなにかが残る
　　と考えたい。もしかすれば自分の意識が存続するのかもしれないって。
　　　でも，もしかしたら，オン・オフのスイッチみたいなものなのかもしれ
　　ない。パチン！　その瞬間にさっと消えてしまうんだ。だからなのかもし
　　れないね。アップルの製品にオン・オフのスイッチをつけたくないと思っ
　　たのは[63]。

　シンプルを求めてアップル製品にオン・オフのスイッチをつけなかったジョ

ブズ氏ですが，こんな思いもあったのです。今でも世界の多くの人がアップル
を愛用しています。米国が誇るイノベーターであり，多くの世代に大きな影響
を残したカリスマ経営者ジョブズ氏。2011年10月4日，iPhone4Sの正式発表
を見届けて，翌日5日膵臓がんの転移による呼吸停止により，妻や親族に看取
られながらカリフォルニア，パロアルトの自宅で56年の決して長いとは言えな
い人生を閉じたのです。

6．トップリーダー スティーブ・ジョブズ氏から学ぶ コミュニケーションマネジメントのヒント

　スティーブ・ジョブズ氏のリーダーシップから学ぶコミュニケーションマネ
ジメントのヒントをまとめます。

❶　こだわりをもって生きる，限界に挑戦する
　こだわりは情熱であり，信念です。こだわることが企業の技術を進歩させ，社
会を豊かに発展させる原動力となるのです。こだわりは企業の技術力を高めます。
このこだわりはメンバーが限界に挑戦するためのストレッチゴールとなり，最高
のパフォーマンスを引き出すのです。ストレッチゴールの設定は，自己満足に陥
ることを不可能にします。

❷　困難に向かうからこそモチベーションが保てる
　ストレッチゴールにより，乗り越えた課題が難しいほど，やり遂げたときに部
下は自分自身の成長を感じられます。難しい複雑なプロジェクトや新しい課題へ
の取り組みは，達成感を得ることができます。リーダーが部下に能力のストレッ
チを試みることは，部下のモチベーションアップにもつながります。その際，リー
ダーはその努力や勇気をねぎらう必要があります。自分をわかってくれるリー
ダーの承認は，部下が勇気をもってジャンプする機会を与えます。

❸　点と点を結びつける
　すべての経験は人の知恵として蓄積され，いつか自分の役に立ちます。点は必
ず将来の点に結びつくのです。問題は勝手に結びつくわけではないことです。い
かに過去の出来事を，何かと結びつけるよう考え抜くのか？が必要です。経験を
振り返り，小さなものも含めて経験を棚卸することからはじめましょう。

❹ 即戦力になる人材なんて存在しない。だからこそリーダーが育てる

　部下が即戦力としての能力を身に付けることは，リーダーの重要な使命です。質問は考えを広げ，思考を掘り下げます。適切な質問は，問題の解決やアイディアの着想に有効な手段です。リーダーの質問力スキルは部下の成長に必要です。「部下をどう育てるのか？」これはリーダーの大きな課題なのです。

ラストステップ【メソッド編】

1. 問題解決の重要なポイントを引き出し，部下の思考を広げる

（1） 問題解決と業務改善に追われるリーダーに役立つ発想法

　リーダーのみなさまは日々問題が押し寄せ，解決しなければならないことが山ほどあるでしょう。また，リーダーは業務改善や企画立案など新しいアイディアを求められます。そのうえ，自らが求められるだけではなく，それらを部下に依頼して指導することも多いと思います。

　解決しなければならない問題は複雑であり，答えは1つではありません。しかも何が正解なのか，わかるものではないのです。問題の原因が突き止められたとしても，多角的により多くの解決策を導き出すことは難しいものです。問題を解決し，業務改善のアイディアを複数案出せる能力はリーダーにとって不可欠です。そのための指導力もしかりです。でもそんな能力は持ち合わせていない…なんて思うリーダーはたくさんいるでしょう。魔法のようにアイディアが浮かぶ，スティーブ・ジョブズ氏のようにはいきません。

　ビジネスパーソンが問題を解決したり，新しいアイディアを広く考えたりするためには，発想法の理解が近道となります。発想法とはアイディアを作り出す方法です。問題解決力や発想力は持って生まれた才能だと思っていませんか？　もちろんアイディアが豊富で次々と思いつく人はいますし，逆になかなか思いつかない人もいます。しかし発想力は様々な方法論を活用することで，効果的に高めることができるのです。

（2） 発想法とは

　リーダーは，アイディア創出や問題解決策を話し合い，業務執行のかじを取ります。またメンバーを鼓舞するために，あらゆる場面でパワーモードを切り替え，頭をフル回転させて様々な発想をしながら，問題の解決に取り組んでい

ます[64]。

　部下やメンバーへの投げかけ，指導でのアドバイス，ミーティングでのファシリテーションや自分自身の問題解決を含めて，いろいろ考えたり話しかけたりすることがあるでしょう。でもそんなに簡単に考えや言葉が思いつくものではありません。どんな言葉を使ったらよいのか？　どう考えたらよいのか？　わからなくなることはあるでしょう。

　リーダーは部下やメンバーからアイディアや意見を引き出すスキルと自らが発想する力，そして信用が必要です。高い発想力は発想に必要とされる手法，つまり発想法を適切に利用できるかどうかにかかっています。発想法は決められたプロセスに沿って手続きを用いることで，アイディアを考え出すことができます。つまり，アイディアを発想する力は訓練によって誰でも修得できるものなのです[65]。この発想法を知っていれば，会議や部下・メンバーへのアドバイスのとき，悩まずに適切な投げかけができるのです。

　アイディアとは，問題を解決する方法のもとになる着想です[66]。米国広告代理業協会の会長などを歴任したJ.W.ヤングは，**アイディアを作成する原理として，**

【1】アイディアとは，既存の要素を新しく組み合わせること

【2】新しい組み合わせは，様々な物事の関連性を見つけ出すこと

を示しています[67]。

　アイディアを集めるためには，言葉を集める必要があります。既存のアイディアを組み合わせ，多くの組み合わせ方を的確に考える場合，幅広い知識や経験が必要となります。ただし個人の知識や経験には限りがあります。新しい発想を得るためには，チームや部下，他部署のメンバーなどにも積極的に働きかけて，知恵を借りることが必要でしょう[68]。雑誌や本，辞書，ネットなどを活用して言葉やキーワードを探すことで，アイディアがひらめくこともあります。自分の能力には限界があります。多様な資源をヒントにして，くだらなくても恥ずかしがらずに，思いつくことを言葉にしましょう。

　発想法は創造技法とも呼ばれ，問題を創造的に解決するための技法を指します。それぞれの技法には具体的な手法があります（**図表4-3**）。発散技法は創

【図表 4‐3】　創造技法 Creative Methodの種類と代表技法例

発散技法 発散的思考（Diver-gent-Thinking）を使用して，事実やアイディアを出すための思考法	自由連想法	思いつくままに発想する	ブレインストーミング法 ブレインライティング法 希望点列挙法 欠点列挙法
	強制連想法	ヒントに強制的に結びつけて発想する	属性列挙法 チェックリスト法 マトリックス法 形態分析法
	比類発想法	テーマの本質に似たものをヒントに発想する	ゴードン法 シネクティクス法 NM法
収束技法 発散技法で出した事実やアイディアをまとめあげる収束的思考（Convergent-Thinking）を活用した技法	空間型収束法	演繹法 データを既存の分類で集約する	図書分類法 各種分類法
		帰納法 類似なデータを集め新分類をつくる	KJ法 クロス法 ブロック法
	系列型収束法	因果法 原因と結果でまとめる	特性要因図法 因果分析法
		時系列法 時間の流れでまとめる	ストーリー法 PERT法 カードPERT法
統合技法 発散と収束を繰り返してゆくところに特徴を持つ技法	―	―	インプット・アウトプット法 ハイブリッジ法 ワークデザイン法
態度技法 問題解決に即用いず，創造的な態度を養成するための技法	瞑想法	瞑想などを中心とした東洋型	メディテーション（催眠） 自律訓練法
	交流法	カウンセリングを中心とした西洋型	センシティビティ・トレーニング法 エンカウンター・グループ 交流分析
	演劇法		心理劇（サイコドラマ） ロール・プレイング クリエイティブドラマティックス

出所：日本創造学会創造技法の分類とその種類を参考に筆者作成

造技法の1つで，発散思考に基づいて事実やアイディアを出す技法です。例えば，ある概念から「反対」「接近」「類似」などによって，ほかの概念を連想していくものです。

　リーダーは部下への指導やミーティングなどでも，発散的思考（アイディア創出時など）を行うべきはいつで，収束的思考（次なるステップの計画時など）を行うべきはいつなのかを知らせる必要があります。例えば，今はチームでアイディアを出す時なのか，問題やリスクについて懸念を表明し議論をする時なのか，リーダーは明確なシグナルを出すのです[69]。

　発散技法には，ブレインストーミング法（Brain Storming）のような，思いつくまま自由に発想し，次々と思いつきを出していく自由連想法があります。ブレインストーミング法は代表的な発想法の1つです。みなさまも学校やビジネスの場で活用したことがあるのではないでしょうか。ミーティングなどで活用されますが，ジョブズ氏もアップルでのアイディア出しで，ブレインストーミングを取り入れています。ジョブズ氏は「イノベーションとは1,000個の提案に対してノーと言いつづけることだ」と語っています[70]。

　また，チェックリスト法は，あるテーマに対して考えるべき方法（質問）をヒントとして示して，強制的に思いつかせる方法であり強制連想法と呼ばれています。これはミーティングでも個別での指導でも，自分がアイディアを出す時も活用できます。

2．アイディア発想を促すためのヒントと注意点

　アイディア発想法は質問によってメンバーが自由にアイディアを出し合い，それぞれの発想から連想して多数のアイディアを生み出す方法です。発想法を適切に運用し，より良い発想を生むためのヒントと注意点をご紹介しましょう[71]。

（1）　発想を促すためのヒント

① 良し悪しの批判はしない
出てきたアイディアにコメントして批判することは最後まで控えましょう。

メンバーが委縮しないで自由に発言できるよう，どんなアイディアでも受け入れます。

【例】

　メンバーがアイディアを出している時「そんなアイディアはどうかなぁ」「んー，そうかなぁ」「それは違うよ」などと批判したり，反応や態度が悪かったりすると，全体の発言が止まってしまいます。笑顔でうなずきながら，アイディアを聞きます。逆に，あるアイディアが素晴らしい場合も，それだけを褒めたり良い案と言ったりしてしまうと，そのアイディアに引きずられて発言が止まってしまいます。

② 　自由奔放を歓迎する

　アイディアは自由奔放であればあるほど良いものになります。どんな馬鹿に見えるようなアイディアでも自由に考えることが重要です。関係ないと思われる内容や，ちょっと流れが違うかな？という発言も，ウェルカムなのです。

【例】

　「なるほどね」「たしかにね」など，発言を止めずに促すよう相槌を送ります。そこから次のアイディアが生まれるかもしれません。その際「あなたの話を聞いています」というメッセージを態度や表情で表現しながら聞きましょう。腕を組んで「ほかに考えはないの？」「ほかに異なるアイディアはないの？」と問いかけると，威圧的で自由な発言ができなくなります。

③ 　量を求める

　アイディアの数が多ければ多いほど素晴らしいアイディアになる可能性が高くなります。多いアイディアは連想によって次の良いアイディアにつながります。ジョブズ氏も社員を集めて開く研修会で，メンバーに次々と提案を出させて今後すべきリストを完成させています。

　発言では，心理的安全性の確保（チームの中で自分の考えや気持ちを，誰に対してでも安心して発言できる状態）が重要です。なお，10，20のアイディアが出るだけではより良いアイディアはまとまりません。100くらいのアイディアが出るよう促しましょう。促す方法は，この後のSCAMPER法が参考になり

ます。

【例】

　「いいんじゃない」「どんどんアイディアが出るね」「もっといけるね」「なんでも話してみようよ」と促し，発言者が話を聞いてもらえて，尊重されると感じれば，どんどん意見が出てきます。また，「違う考えもあるよね」など，他の人との相違こそに価値があるという雰囲気を作ることも大切です。

④　結合と改善を求む

　メンバーは自分のアイディアを出すばかりでなく，他人のアイディアをもっと良いものに変えるにはどうしたらよいか？　また，いくつかのアイディアをさらに別のアイディアにまとめるにはどうしらた良いか？　考える必要があります。**アイディアがより素晴らしいアイディアを生むのです。**

【例】

　「みんなのアイディアを足したり引いたりしてもいいよね」「合わせるのは面白いよね」「修正もありだよね」など，アイディアが収束しそうなとき，さらなるアイディアを生むための声掛けが必要です。

（2）　発想を促すための注意点

①　恥は上等！　完璧を求めない

　人は評価されたい欲求をもっています。恥をかきたくない，素晴らしいと思われたい欲求があります。そのため，自分が良いアイディアだと思えないと発言しにくいものです。また，不完全なアイディアも話せないものです。リーダーも部下も「くだらない」なんて思われたり言われたりしたらショックで立ち上がれません。

　しかし，それは大きな誤解です。**アイディアは完璧である必要がありません。不完全でよいのです。**ダサくても，くだらなくても，途中経過でも良いのです。ボツになっても良いではないですか。より多くのアイディアが次のアイディアを生むのです。不完全でつまらない他を真似たアイディアの先に，素晴らしい業務改善や企画があるのです。

② 常識は封印しておきましょう

　スムーズな社会生活を送るためには，相手への気遣いと常識が必要です。しかし，時として常識がアイディアを抑え込んでしまうことがあります。こんなアイディアは通用しないかな，常識外れだな，なんて考えは封印する必要があります。ボタンがない携帯なんて常識外れ！なんて言っていたらiPhoneはできません。

　斬新で面白いアイディアは，意外にも非常識から生まれるものです。発想ではいったん常識をどこかに置いておきましょう。

③ 発言する勇気を讃えて，受け入れる心を育む

　最高のアイディアを生むためには，どんなアイディアでも発言する勇気と，どんな意見でも受け入れる姿勢が必要です。**全員が聞く耳をもつことが，新しいアイディアには不可欠なのです。すべてをポジティブにとらえて，どんどん連想して膨らませましょう。**

④ 誰の意見も平等である

　発想法では，誰の意見も等しく重要です。アイディアを出している時は，互いを同輩とみなさなければなりません。ミーティングの場合は，発言していない人に発言を促したり，職位の高い人は最初口を閉ざしたりすることも必要でしょう[72]。

⑤ リーダーは話し過ぎない

　多様なアイディアが必要とされる話し合いで，リーダーがその場を支配しすぎていないか，自分がその場にいることでメンバーは思ったことを話しにくくならないか，議論の妨げにならないよう考える必要があります。

⑥ アイディアの絞り込みは現実と夢のバランスをみる

　たくさんアイディアが出たら，それを絞り込む必要があります。その際，抽象的で夢のようなもの，技術的に実現可能性のないもの，従来と類似したもの（こと）や他社に類似するもの（こと）は省きます。またプロジェクトの方向

とあまりにも異なるものを省いていきます。ただし，現実的過ぎると魅力のないものになってしまうことがあります。アップルのように，難しい課題に取り組めるか？　様々な部署で検討する必要があります。現実と夢のバランスが大切です。

3．SCAMPER（スキャンパー）法

（1）　SCAMPER法とは

　リーダーは日々忙しいなか，短時間で業務改善や企画提案が求められます。リーダー自身が急いでアイディアを出したい，違った角度の提案が欲しい，新しい考え方はないだろうか？と，思案することはよくあるでしょう。また，部下を指導するときにも様々な視点が必要です。仮に，直属の部下でない人とチームを組む場合やプロジェクトなどで統率しなければならない場合でも，質問を投げかけることでアイディアを探り出すことができるのです。

　SCAMPER法は7項目[73]の質問から構成される発想法です（**図表4-4**）。これは，その視点を一覧表にして次々と当てはめながら発想し，強制的にアイ

【図表4-4】　SCAMPER法

	SCAMPER法		
S	Substitute	代用・置き換える	代用品はないか？
C	Combine	結合・組み合わせる	結びつけられないか？
A	Adapt	応用・当てはめる	応用することはできるか？
M	Modify or Magnify	修正・拡大	修正あるいは拡大できないか？
P	Put to other uses	他の用途・別の使いみち	他の用途はないか？
E	Eliminate	削除・余計なものを削る	削除するか，削減することはできないか？
R	Reverse or Rearrange	逆転／再編成・もう一度整理する	逆にするか，再編成できないか？

出所：マハルコ［2012］pp.66-108を参考に筆者が作成

ディアを広げていく方法で，発想の切り口となります。限られたリソースのなかで最高のアイディアを生み出すことは簡単なことではないでしょう。これら7つの質問（7項目9種類）は呼び水であり，課題を当てはめることでアイディアがフッと湧いてくるのです。

　リーダーは，SCAMPER法を使うことで自分自身が業務改善や企画提案を検討するとき，また部下への指導において，視点や着眼点を多様化，多角化させることができます。質問から得た様々なアイディアを組み合わせる，また既にあるアイディアに手を加えるだけで新しいアイディアをつくりだせるのです。

　新しいアイディアは，さらに新しいアイディアに作り換えることができます。最初のアイディアに縛られてしまうと，創造力は限定されてしまいます。良いアイディアを手に入れる最善の方策は，できるだけたくさんの選択肢を展開することです[74]。

　SCAMPER法は刺激剤の効果があり，ワンパターンに陥った思考回路から必ず脱することができます。この発想法を知った後では，思いもよらない考え方をしている自分に気づくでしょう[75]。

　SCAMPER法を応用して生み出された画期的新製品は数々あります。例えば，モスバーガーの『ライスバーガー』は，ハンバーガーのバンズをお米に代用・置き換えて（Substitute）作られたといえます。モスバーガーのウェブサイト『ライスバーガー誕生物語』によると，そもそも「日本人の主食であるお米を使って，何か商品ができないだろうか？」というモスバーガーの思いが，様々なアイディアにつながっています。そこでバンズをお米にする代用・置き換えによる企画が生まれます。

　ここでの最大の難関は，ライスプレート（お米のバンズ）をつくることです。パンの代わりにごはんを使うためには，型崩れしないことが欠かせない条件です。苦心の末にたどり着いたのが「焼きおにぎり」の発想です。これは，焼きおにぎりの焼き方を応用（Adapt）としたものと言えるでしょう。お米のハンバーガーはいまや他店でも取り扱われています。

　SCAMPER法は既存にあるモノやコトの視点や着眼点を多様化させ，新しい発想により革新的な商品やサービスを生み出していくのです。

（2）　SCAMPER法のメリット

　みなさまは業務改善方法や企画提案を考えるとき，なかなかアイディアが思いつかなくて，何をどうすればよいのかわからなくなることはありませんか？

　SCAMPER法のメリットは，短時間でアイディアが量産できることです。その理由は，発想の切り口（質問）が明確なため，質問に沿って考えていく方法だからです。各種の質問に強制的に結びつけて発想していきます。適切な質問によって，アイディアの基となる案が次々と思いつき，連想されていくのです。

4．SCAMPER法の活用法

　SCAMPER法は各項目をさらに詳細な質問にすることで，様々な角度からアイディアを考えることができます[76]。リーダーは細分化された質問を投げかけることにより，具体的なアイディアを導くことができます。以下に紹介する質問チェックリスト例を参考にして，部下に質問してみましょう。これらの質問により頭がやわらかくなり，考えが浮んできます。

（1）　Substitute（サブスティチュート／代用・置き換える）

Substituteは適切なアイディアを見つけ出すまで，要素やアイテムを置き換えて，トライ＆エラーを繰り返すことです[77]。物や場所，手順，人，アイディア，感情などを代用します。

　　　例えば，いまや多くの人が利用するオンラインフード注文・配達プラットフォームUber EATS（ウーバーイーツ）は，米国テクノロジー企業のウーバー・テクノロジーズ（Uber Technologies, Inc.）が立ち上げたもので，もともとはオンライン配車サービスからスタートしています。Uberの配車サービスは，クルマに乗って移動したい人と乗せたい人をマッチング技術でつないでいます。UberEATSはこのUberのマッチング技術を活用し，料理を食べたい人，料理を作る人，料理を運ぶ人の三者をつないでいる，画期的なサービスです。日常的に人が求めることを，これまでのサービスに代用・置き換えることで，新たなサービスをつくりあげています。

【活用のポイント】

● プロセスや手順を置き換える

● 方法など他のものを代用する

【質問チェックリスト例】

S1：何を代用することができるのだろうか？　誰を？　他にないか？

S2：規則は変更可能か？

S3：他の素材は？　原料は？　代わりになるものはどんなものがある？

S4：他にプロセスや手順はないか？

S5：他の能力に変えられないか？

S6：他の場所はどうか？

S7：他のやり方はないか？

【活用事例】

リーダー：何か機能を置き換えてみることで業務改善はできないだろうか？

部　　下：オフィスで行っている業務システムの一部をリモートワークで行えるようにすれば，どこでも仕事ができるようになります。在宅やフリーアドレスで業務を行えば効率的になり，働き方改革につながるのではないでしょうか？

部　　下：スマホアプリを使って業務プロセスを見える化し，管理してみるのはどうでしょうか？

（2）　Combine（コンバイン／結合・組み合わせる）

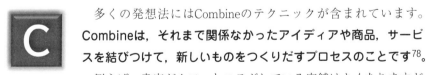

多くの発想法にはCombineのテクニックが含まれています。**Combineは，それまで関係なかったアイディアや商品，サービスを結びつけて，新しいものをつくりだすプロセスのことです**[78]。

例えば，書店がカフェとコラボしている店舗はよくありますが，TSUTAYAが新しく始めたワーキングスペース「シェアラウンジ」は，ラウンジの居心地と本による提案，オフィスの機能性を兼ね備え，訪れた人に新しい発想を提供しています。まさにCombineによって機能が格段にアップされて

180

います。

　このシェアラウンジでは，ソフトドリンクだけでなくアルコールも飲み放題
で，豊富な食べ物も食べ放題で居心地の良さは抜群です。新たな発想は心を躍
らせ，生活を明るくし，世界をほんの少し良い場所にしてくれるものなので
す79。

　ジョブズ氏はiPhone発表でのスピーチにおいて「本日革命的な新製品を発表
します。１つめ"ワイド画面タッチ操作のiPod"，２つめ"革命的携帯電話"，
３つめに"画期的ネット通信機器"，３つです。これは独立した３つの機器で
はなく１つなのです。名前はiPhone，本日，アップルが電話を再発明します」と，
iPhoneがCombineであることを話しています。

【活用のポイント】
- まるで異なるものを組み合わせる
- 目的や方法，機能を結合する

【質問チェックリスト例】
　Ｃ１：どんなアイディア同士が結びつけられるか？
　Ｃ２：目的を結びつけることができるか？
　Ｃ３：使いみちを増やすために，何を結びつければよいか？
　Ｃ４：混ぜたり，化合したり，アンサンブルは？
　Ｃ５：部分同士を結びつけてみてはどうか？
　Ｃ６：他にどんな物を一緒にできるか？
　Ｃ７：組み合わせをどのようにまとめていくか？

【活用事例】
リーダー：何かを組み合わせて業務の効率化を考えられないかな？
部　　下：いま部内で取り組んでいる業務マニュアルの作成と業務のフロー
　　　　　チャート作成を合体させて，さらにアプリとして開発してみたらど
　　　　　うでしょう？
部　　下：いままでの業務プロセスを一旦バラバラにして類似を結合させ無駄

をなくし，再度新しい業務プロセスを再構築するのはどうでしょうか？

（3）　Adapt（アダプト／応用・当てはめる）

Adaptはもともとあるアイディアを応用することによって，新しいアイディアを着想します。 他の業界の手法を当てはめるとどうなるのか？　過去の成功事例を応用できないか？　他の使い方はないか？などを考えます。多くの新しい発明やアイディアは，既存のアイディアに依っているのです。

　例えば，ドローンはもともと軍用目的で開発・利用されたことはご存じでしょう。この技術はAdaptによって活用分野が幅広くなっています。現在では空中からの農薬・肥料散布や農作物の生育状況のモニタリングをはじめ，ダム，送電線など危険箇所での点検・調査・メンテナンスなど，様々な場面で活用されています。

【活用のポイント】
- 他の業界や専門分野が活用しているシステムを当てはめてみる
- 有名企業の仕組みを自社に当てはめてみる

【質問チェックリスト例】
　A 1：他にこれに似たものはないか？　過去に似たものはなかったか？
　A 2：これからほかの考えが思いつかないか？
　A 3：何か真似することができないか？
　A 4：誰かを見習うことができないか？
　A 5：何か他のアイディアとかプロセスを取り入れることができないか？
　A 6：他に何か応用できるものはないか？
　A 7：この分野以外のもので，何かを取り入れられないか？

【活用事例】
リーダー：社員全員の仕事や人生の指針となるような一体感のある方針を出し

　　　　　たいが，なにか方法はないか？

部　　下：京セラフィロソフィーを参考にして，わが社に適応するような指針を新しく作成するのはどうでしょう？　社内プロジェクトを立ち上げて社員で案を作成することはモチベーションもあがり，よいのではないでしょうか？

部　　下：異なる専門性，市場が活用している指針を応用して，新しくつくるのはいかがでしょうか？

（4）　Modify or Magnify（モディファイ・マグニファイ／修正・拡大）

 Modify，Magnifyでは自分のアイディアや自社の製品，サービスを広げたり，付け足したり，増やして考えます。修正によって新しい視点を見出すこともできます。

　　　　　例えば，フィットネスクラブ「ライザップ」は業態をModifyによって，新業態「ChocoZap（チョコザップ）」を展開しています。その名の通りちょこっとライザップで，誰もが運動を継続しやすく効果を実感できる，「簡単」「便利」で「楽しい」コンビニジムです。チョコザップは低料金で多くの顧客を獲得することができるエントリービジネスです。フィットネスはもちろん，エステや脱毛，ゴルフ，アプリの健康アドバイスも安価な定額で提供しています[80]。

　既にあるサービスやノウハウを新しいものに展開するために，Modify or Magnifyは活用できます。

【活用のポイント】
● 既存の機能を弱く・強く，大きく・小さく，遅く・速くしてみる
● 重要な業務を，あえて違う視点で修正してみる

【質問チェックリスト例】
Modify（モディファイ／修正）
　M1.1：どうやったらよりよいものに変えられるだろうか？

　M 1.2：どこを修正できるだろう？

　M 1.3：新しい工夫はあるか？

　M 1.4：意味，色，動き，音，香り，形態，形状を変えられたら？

　M 1.5：名前を変えてみたら？

　M 1.6：他に変えられるところはないか？

　M 1.7：企画の中で修正できるところは？　プロセスはどうだろう？

Magnify（マグニファイ／拡大）

　M 2.1：何を拡大できるだろう？　引きのばしたりできるだろうか？

　M 2.2：誇張したり，おおげさに言ったりできるだろうか？

　M 2.3：何か付け加えられないだろうか？　時間は？　力は？　高さは？

　M 2.4：頻度はどうだろう？

　M 2.5：何か付加価値を与えられるだろうか？

　M 2.6：複製できるところはないだろうか？

　M 2.7：どうしたらドラマチックなまでに究極的に拡大できるだろう？

【活用事例】

リーダー：業務の効率化を考えて，何か拡大や修正できることはないだろう
　　　　　か？

部　　　下：在庫管理や定例業務はすべてDXに移行するのはどうでしょうか？
　　　　　最近では多くのシステムが開発されています。

部　　　下：業務プロセスのフローを見直して，わかりやすく簡略化させるのは
　　　　　いかがでしょうか？

（5）　Put to other uses（プット・トゥ・アザー・ユーズ／他の用途・別の使いみち）

　　　　　　　　　本来の用途・目的とは異なる，ほかの用途がないか別の使いみちを考えてみましょう。どんなものも使いみちによって意味は変わります。

　　　例えば，Put to other usesによって，若い人が楽しんでいたゲー

ムから年齢の高い人へとターゲットの拡大をはかったのが「脳トレゲーム」と言えるでしょう。世界ゲーム市場は約22兆円まで成長していますが[81]，もともとは一般家庭用ゲーム機からはじまり，利用者は10代から30代が多くを占めています。

　若い人の遊びであったゲームは「脳トレ」によって，普段はゲームをしない人たちにも利用が広がっていき，いままでにない価値観を生み出します。他の使いみちによって新たなサービスを切り開くことにより，いまでは能力開発や勉強にもゲーム機が活用されています。

【活用のポイント】
● 業界や専門性を変えて考えてみる
● 使い方を違う方法にしてみる

【質問チェックリスト例】
P 1：他にどんな使いみちがあるだろう？
P 2：そのままで使える新しい用途はないか？
P 3：修正したら他の使いみちが生まれないか？
P 4：他にどんなものができるだろうか？
P 5：拡張してみたら？
P 6：他の市場ではどうだろう？

【活用事例】
リーダー：新人に考えてもらう自己分析について，何か方法はないだろうか？

部　　下：SWOT分析（外部環境や内部環境を強み，弱み，機会，脅威の4カテゴリーで要因分析を行う経営戦略のフレームワーク）を使って，わが社を考えたうえで自己分析をしてもらうのはどうでしょうか？ビジネスの勉強にもなるし，面白いビジネスの視点が聞けるかもしれません。

部　　下：ほかの企業や専門職が活用しているビジネスフレームワークや手法を探して，自己分析に使ってみるのはどうでしょうか？

（6）　Eliminate（イリミネート／削除・余計なものを削る）

Eliminateでは対象を削除することによって，いいアイディアが得られます。 アイディアや課題となっている対象物，プロセスを何度も削除していくうちに，課題を本当に必要な，または適切なパーツや機能に特定していくことができます[82]。

　例えば，格安航空会社（ローコストキャリア：LCC）は従来の航空会社（フルサービスキャリア：FSC）からEliminateによってサービスを簡素化して運賃を下げています。顧客が何を求めるか？を考えると，削除によって様々なサービスが発想できます。

【活用のポイント】
● 　プロセスを排除，削除する
● 　機能やサービスを簡略化してみる

【質問チェックリスト例】
　E 1：もっと小さくなったらどうなるだろう？　何を省けるか？
　E 2：そのルールは撤廃できないか？　不必要なものはないか？
　E 3：分割できないか？　割くことができないか？
　E 4：パーツに分離できないか？
　E 5：控え目に表現してみたら？
　E 6：簡素化できないか？　縮小版は？　濃縮は？　コンパクトには？
　E 7：引き算できないか？　削除できないか？

【活用事例】
リーダー：業務の効率化を考えて，何か業務を削除できるアイディアはあるだ
　　　　　ろうか？
部　　下：報告，連絡はリアル会議を廃止して，チャットを使えば効率的では
　　　　　ないでしょうか？　情報ストックとタスク管理はアプリで完結します。無駄な時間が省けるし，何度もいつでも確認できるので間違い

がありません。

部　　下：複雑で重複する手順や手間のかかるものを洗い出して，削除してみ
　　　　るのはいかがでしょうか？

（7）　Reverse or Rearrange（リバース・リアレンジ／逆転・再編成・もう一度整理する）

　　　　　創造性とは既存の要素を並べ替えて未知なるものを発見するこ
とです。Reverseは，視点を逆転することにより発想が開けます。
物事を反対側から見てみたら，普段見落としていることが見える
でしょう。Rearrangeは，再編することによりアイディアなど無
数の選択肢が得られます[83]。

　例えば，逆開き傘は発明家ジェナン・カジム氏によって考案されました。逆
開き傘KAZBRELLA（カズブレラ）は，閉じる時に濡れた面が内側に折りた
たまれることで使用時の開閉で手が濡れることがなく，水滴が床に落ちたり，
傘に触れるものを濡らしたりしません。彼は床に傘からしずくが落ちるのを見
て，傘をRearrange，Reverseすることにより，カズブレラのアイディアを思
いつきます[84]。アイディアは先入観を排除した柔軟な思考により，生まれるも
のです。

【活用のポイント】
● 　プロセスや順序を変えてみる
● 　裏と表，先頭と最後を入れ替えたり逆に考えたりしてみる

【質問チェックリスト例】
Reverse（リバース／逆転）
　Ｒ1.1：肯定／否定を入れ替えられないか？
　Ｒ1.2：反対にあるものとは何だろうか？
　Ｒ1.3：否定的なものとは何だろう？
　Ｒ1.4：回転させてみたら？　下ではなく上に？　上ではなく下に？
　Ｒ1.5：後ろ向きに考えてみたら？

　R 1.6：役割を逆転させてみたら？

　R 1.7：予想と反対のことをしてみたらどうだろう？

Rearrange（リアレンジ／再編成・もう一度整理する）

　R 2.1：どんな再編をすればもっとよくなるだろうか？

　R 2.2：構成要素を交換できないか？

　R 2.3：他のパターンやレイアウトにできないか？

　R 2.4：他の並べ方はないだろうか？　順番を変えてみたらどうなる？

　R 2.5：スケジュールを変えてみたらどうだろう？

　R 2.6：原因と結果を入れ替えてみたら？

　R 2.7：スピードを変えてみたら？

【活用事例】

リーダー：業務を再編することで，効率化できることはあるだろうか？

部　　　下：業務プロセスを可視化して，プロセスを逆から考えてみることで，
　　　　　　不要な点が見えるのではないでしょうか？

5．問題解決マネジメント力を高める極意

　業務改善や企画提案など様々なアイディアを自らがあっという間に考え，部下にも的確にアドバイスし，次々と問題を解決していくことは簡単ではありません。発想力は様々な方法論を活用することで，効果的に高めることができます。部下への正しい問題解決マネジメントでは，以下のポイントを念頭におくことをおススメします。

❶　アイディアの絞り込みは，現実と夢のバランスをみる

　アイディアとは，既存の要素を新しく組み合わせることです。新しい発想を得るためには，自分だけの考えでは限界があります。チームや部下，他部署のメンバーにも働きかけて，知恵を借りましょう。たくさんアイディアが出たら，それを絞り込む必要があります。実現可能かを判断しますが，現実的過ぎると魅力の

ないものになってしまいます。難しい課題に取り組めるか？　様々な部署で検討する必要があります。現実と夢のバランスが大切です。

❷　発想は批判せず，自由に，量を求める

　アイディアを出している時は良し悪しの批判をせず，すべてのアイディアを受け入れます。自由奔放で常識から外れていることも大歓迎なのです。アイディアは量が多ければ多いほど素晴らしいものになる可能性が高くなります。出された他人のアイディアをさらに結合して別のアイディアを生み出すのです。100くらいのアイディアが出るようにSCAMPER法を活用して促しましょう。

❸　恥は上等！　発言する勇気を讃えて，受け入れる心を大切に

　アイディアを出す時，完璧を求める必要はありません。不完全でつまらないアイディアをたくさん出すことで，次のアイディアが生まれます。恥をかいても良いのです。ただし，そのためには発言する勇気を讃えて，他者のアイディアを受け入れる心が必要です。

❹　質問は思考を広げ，問題解決に導く

　SCAMPER法の質問チェックリストを活用することは，問題解決への視点や着眼点の多様化，多角化につながります。

　課題に対して，Substitute（代用），Combine（結合），Adapt（応用），Modify（修正）or Magnify（拡大），Put to other uses（他の用途），Eliminate（削除），Reverse（逆転）or Rearrange（再編成），の質問によりアイディアを生成します。質問は思考を広げ，問題解決に導きます。

注　■─────────────

1　（アイザックソン，Ⅰp.6）
2　（アイザックソン，2011，Ⅱp.423）
3　ピクサーは，1979年にルーカスフィルムのコンピュータアニメーション部門の一部として発足。1986年にジョブズ氏が買収し，会社「ピクサー」として独立。2006年にはディズニーがピクサーを買収。
4　（アイザックソン，2011，Ⅱp.424）
5　（アイザックソン，2011，Ⅰp.206）
6　（アイザックソン，2011，Ⅱpp.160-163）
7　（アイザックソン，2011，Ⅰp.35）
8　（アイザックソン，2011，Ⅰp.35）
9　（アイザックソン，2011，Ⅰpp.208-209）
10　ジョブズ氏の実の両親はジョブズ氏を養子に出しており，彼の感性を育てたのは，育ての親であるポール・ジョブズ氏。
11　（アイザックソン，2011，Ⅰp.33）

12　（アイザックソン，2011，Ⅰ pp.216-217）

13　（アイザックソン，Ⅰ pp.207-208）

14　（アイザックソン，2011，Ⅰ pp.210-211）

15　（アイザックソン，2011，Ⅱ pp.422-423）

16　（アイザックソン，2011，Ⅰ p.17）

17　（アイザックソン，2011，Ⅱ p.148）

18　（シュレンダー＆テッツェリ，2018，上p.142）

19　（アイザックソン，2011，Ⅰ p.170）

20　（アイザックソン，2011，Ⅰ pp.230-231）

21　（プレジデントオンライン，2012）

22　（ドーア，2018，p.18）

23　（ドーア，2018，pp.204-205）

24　（ドーア，2018，pp.204-205）

25　（桑原，2011，p.285）

26　（ドーア2018，p.19）

27　（ドーア，2018，p.42）

28　（ドーア，2018，p.200, 380）

29　（ドーア，2018，pp.201-202）

30　（ドーア，2018，pp.216-217）

31　（シュレンダー＆テッツェリ，2018，上pp.142-143）

32　（ドーア，2018，p.219）

33　（ドーア，2018，pp.380-382）

34　（シュレンダー＆テッツェリ，2018，下p.31）

35　（シュレンダー＆テッツェリ，2018，下p.104）

36　文字を美しく見せるための手法。

37　（アイザックソン，2011，pp.212-213）

38　文字をバランス良く表示するため，文字ごとに文字幅が異なるフォント。

39　（シュレンダー＆テッツェリ，2018，下pp.185-186）

40　（松尾，2019，p.36）

41　（松尾，2019，p.36）

42　（桑原，2011，p.157）

43　（シュレンダー＆テッツェリ，2018，上p.306）

44　（アイザックソン，2011，Ⅱ p.146）

45　（アイザックソン，2011，Ⅱ p.146, 160）

46　（シュレンダー＆テッツェリ，2018，下p.358）

47　（シュレンダー＆テッツェリ，2018，下pp.332-333）

48　（シュレンダー＆テッツェリ，2018，下p.335）

49　（桑原，2011，p.283）

50　（竹内，2010，p.52）

51　ファーストステップ（8頁）を参照。

52　（シュレンダー＆テッツェリ，2018，上pp.27-28, 168）
53　（シュレンダー＆テッツェリ，2018，下p.21）
54　（シュレンダー＆テッツェリ，2018，下p.30, 55, 200, 262）
55　（シュレンダー＆テッツェリ，2018，下p.271）
56　（シュレンダー＆テッツェリ，2018，上p.307）
57　（シュレンダー＆テッツェリ，2018，下p.214）
58　（シュレンダー＆テッツェリ，2018，下p.321）
59　ジョブズ氏はアップルを一度追放される。Nextとピクチャーを立ち上げた後，窮地に陥っていたアップルに戻り，アップルをよみがえらせる。
60　（シュレンダー＆テッツェリ，2018，上p.372）
61　（竹内，2008，pp.208-209）
62　（アイザックソン，2011，Ⅱp.428）
63　（アイザックソン，2011，Ⅱp.430）
64　（HBR，通巻420号，p.52）
65　（松井，2007）
66　（小野・宮田，2019，p.46）
67　（ヤング，1988，pp.27-32）
68　（小野・宮田，2019，p.47）
69　（HBR，通巻420号，p.51）
70　（ドーア，2018，p.89）
71　（オスボーン，1958，pp.79-80）
72　（HBR，通巻420号，p.52）
73　一般的にSCAMPER法はMとRを各1種類として7項目になっているが，マイケル・マハルコは，オスボーンのチェックリスト9項目をそのままSCAMPER法に活用し，7項目9種類としている。
74　（マハルコ，2012，p.66）
75　（マハルコ，2012，p.68）
76　（マハルコ，2012，pp.74-104）
77　（マハルコ，2012，p.74）
78　（マハルコ，2012，p.78）
79　（ツタヤシェアラウンジ）
80　（チョコザップ）
81　（日経クロストレンド）
82　（マハルコ，2012，p.96）
83　（マハルコ，2012，p.100）
84　（PR TIMES, 2018.4.10）

終章

[COMPLETE] すべてのリーダーに捧げる, マネジメント力を高める コミュニケーションの極意

1．ビジネスリーダーが目指すマネジメント

　本書では，4人のトップリーダーからリーダーとしてのマネジメントに関する考え方や姿勢について極意を読み解きました。そして4つのメソッドからマネジメントを効果的に行うためのコミュニケーションの秘訣を探ってきました。そうです，ここはステップの最上段です。

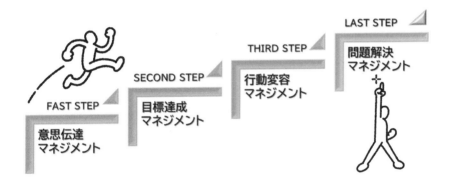

　【はじめに】でお伝えしたように，**本書の対象はすべてのリーダーです。本書が示すコミュニケーションマネジメントは，経験値の高いリーダーから中堅のリーダー，若くしてマネジメントを担う経験の浅いリーダーまで，どの段階のリーダーにも当てはまるものです。**それは，すべてのビジネスリーダーが「どのように部下を育てるのか？」を求められ，日頃からその課題と向き合っているからです。

【経験の浅いリーダーへ】

＊ロールモデルがいなくて，これからどうしたらよいのかな…

＊どうやって目標をクリアしてよいかわからないな…

＊自分のことで精一杯なのに，どうやってメンバーマネジメントすればいいのかな…

＊会社でのリーダーシップなんて，どうやればいいんだろ…

　若くしてマネジメントを担う経験の浅いリーダーは，業務をこなすのが大変な中でリーダーの役割を果たさなければならず，これからリーダーとしてどうあるべきか？　迷うことがあると思います。

　あなたが目指すリーダー像はどんな感じでしょうか？　トップリーダー編を参考にして，あなた独自のロールモデルをイメージしてください。この本があなたの目標となるリーダー像を考える機会になることを願います。そして，部下やメンバーの育成スキルを学ぶだけではなく，仕事をするうえで大切なことを感じ取っていただきたいと思います。

　同時にメソッド編を参考にして，部下・メンバーとの理想的なコミュニケーションを試みていただきたいのです。はじめはメソッドすべてを呑み込めないかもしれません。それでも，これらのメソッドを繰り返し実行するうちに，部下やチームメンバーとの関係性が変わり，自分自身の成長を感じることができると思います。

【中間層のリーダーへ】

＊自分自身のスキルや知識のアップデートが追い付かない…

＊業務量が多くて，部下を指導するのは大変だ…

＊このままでいいのかな…

＊マネジメントなんて習ってないから感覚的過ぎる。これでいいのかな…

　リーダーの役割が馴染んできた中間層のリーダーは，多忙な仕事をこなしながら，業務内容がルーティン化されてモチベーションの維持が難しい年代かもしれません。自身のキャリアに迷いを感じることもあるでしょう。何を目指してよいのかわからなくなることもあります。

　あなたは，これから組織の中核を担う立場です。人は多くの時間を費やし，

仕事に向き合っています。どう仕事をするかはどう人生を生きるかにつながります。**トップリーダー編を参考にしていただき，これからの生き方（＝仕事への思い）を探っていただきたいと思います。**

　メソッド編ではマネジメントに関わる多角的なとらえ方をお伝えしました。これらは部下やメンバーマネジメントだけではなく，顧客対応やプライベートでも活用できます。**再度視野を広げてメソッドを試みる中で，部下やチームメンバーとの信頼関係を獲得し，部下・メンバー，自分自身の成長を感じていただけると思います。**あなた自身のコミュニケーションマネジメント力の向上は，企業の発展につながるのです。

【経験値の高いリーダーへ】
＊理想の上司と言われたいけど，難しいな…
＊若手と感覚が違うけど，どう伝えたらいいのかな…
＊気がつけば，相手の考えていることがわからない…
＊自分は部下や会社から本当に評価されているのかな…

　たくさんの経験を積んできたリーダーは，多くの視点でこれまで部下やメンバーを導いてきたでしょう。そこで**トップリーダー編を確認して改めて仕事を振り返り，自己の考えを整理していただきたい**と思います。自分は何を大事に，仕事をしてきたのか？　本書をきっかけに，考える場となることを望みます。

　メソッド編では経験を思い出しながら理論を検証していただき，あなたが持ち合わせるコミュニケーションの術を照らし合わせて，部下・メンバーとのコミュニケーションを顧みながら，自分の方法を再構築していただきたいと思います。

　ただし，本書のメソッドをすぐに理解して，すべてができるようになるわけではないでしょう。繰り返してコミュニケーションに取り入ることが必要になります。それでも積極的に試していくうちに，部下やメンバーが変化してくるのが確実に見えるはずです。

　終章では，これまでの4ステップを振り返りながら，リーダーのみなさまが獲得すべき極意をまとめます。まずは，トップリーダーの傾向を再確認します。

共通する要素は何か，ロールモデルを考える参考になるよう整理しましょう。次に，メソッドの重要なポイントを復習します。活用できるように考えましょう。続いて，コミュニケーションマネジメントがうまくいかない場合のチェックポイントをお伝えします。最後に，いまでは当たり前になったビジネスチャットコミュニケーションの注意点について触れます。

2．トップリーダーの極意

（1） トップリーダーの傾向

　本書はコミュニケーションを通してマネジメント力を向上することに主眼をおいてきました。トップリーダー編を読み進めると，4人のトップリーダーがどのような信念（＝仕事への思い）をもって生きてきたのかを感じ取ることができます。

　トップリーダーは，困難な状況に陥りながらも果敢に立ち向かい，課題を克服して栄光を手にしています。まさにリーダーのロールモデルとして参考になる人間力とマネジメント力を備えています。目標に向かう熱意と行動力，そして部下を成長に導くためのリーダーシップは学ぶべきリーダーの構成要素といえるでしょう。みなさまの行動の指針となるはずです。

　まずは各トップリーダーの傾向を整理します（**図表5-1**）。マネジメントのヒントが散らばっています。

（2） トップリーダーの共通点

　トップリーダーの特長をみていると，共通する点が見えてきます。それは，いずれも**「強烈な実行力」「高い熱量」「探求心と想像力」「部下に考える力を与える」「執念とやりきる力」**が特出していることです。この5つはトップリーダーが共通して兼ね備える，力強く生きるための人間力であり，マネジメント能力に必要な要素なのだと考えます（**図表5-2**）。

① 強烈な実行力

　各分野でトップを極め成功をおさめた4人のトップリーダーは，強烈な実行

[図表 5 - 1] トップリーダーの傾向

	ファーストステップ 山中伸弥氏	セカンドステップ 森保 一氏	サードステップ 稲盛和夫氏	ラストステップ スティーブ・ジョブズ氏
生き方	人間万事塞翁が馬	ブレない姿勢をもち続ける	利他の心で生きる	こだわり、シンプルで美しく、完璧を求める
信念	レジリエンスを大事にする 過去の経験、慣習、勘、前例、常識を疑う	とことん信頼する	公平無私 人として正しい判断をする	完璧主義 チームを素晴らしい状態に保つのは僕の仕事
モチベーションの持たせ方	常に労をねぎらう コミュニケーションを駆使する	自主性を重んじる	期待をする 経営への参加を求める	ストレッチゴールの設定でレッドゾーンまで引上げる 君ならできると承認する 理解・信頼する
能力ののばし方	問いを立てる力、自分で考える力をのばす	質問をして選手に考えさせ、判断力を養う ストロングポイントをのばす	可能性を信じる	能力のギリギリまで厳しく指摘する 質問により思考を掘り下げる
指摘のポイント	人格は責めない、あとでフォローする、他人と比較しない、長時間叱らない	怒りやプレッシャーで人は動かない	無私の心をもてば厳しい内容でも大丈夫	細部に渡って妥協せず手加減しない

【図表 5 - 2】 トップリーダーの共通点

力をもっています。誰でも目標を掲げることはできますが，行動に移せなければ単なる夢で終わります。

　自分がやるべきことは何かを具体的に理解し，優先順位を含めて正しく把握しているからこそ実行力を高めることができるのでしょう。あきらめない精神力の強さも必要です。効率を考えながら工夫をこらしてやり遂げる力は，リーダーにとって重要な要素なのでしょう。

② 　高い熱量

　熱量はその人が持ち合わせる意欲や情熱であり，モチベーション，責任感・使命感などから熱量は高まるものです。達成させたいと強く望むことにより熱量が高まります。前向きで気力がないと熱量は上がりません。燃えるような強い思いは，トップリーダーの特徴だといえます。

③　探求心と想像力

　物事に興味をもって追求し，物事の本質を深く掘り下げて理解しようとする探求心は，アイディアを生み出しイノベーションを起こすために不可欠でしょう。**アイディアを生み出すためには，見えないものを想像する力が必要です。**想像力はこれまでにないものを創ろう，誰も知らないものを見出そう，という思考の広がりです。トップリーダーは，強い探求心と豊かな想像力の保持が求められるのでしょう。

④　執念とやりきる力

　成功をおさめるトップリーダーは，**途中であきらめない執念深さをもっています。**仮に失敗しても，その次につなげていくポジティブな思考によって新しいものを生み出します。集中力と持続力を兼ね備えた強いメンタルはリーダーに必要な要素です。最後までやりきる力が成功を引き寄せるのでしょう。

⑤　部下に考える力を与える

　部下が成長するためには自らが考え，自力で前にすすむ必要があります。4人のトップリーダーは，いずれも部下やメンバーが自主的に問題を解決できるよう質問や投げかけにより考えさせます。そして，**難しい課題を設定し，部下の力を育てます。**考える力や困難に立ち向かう力は人々を成長に導くのです。

3．各ステップでマネジメント能力を高める極意

　次頁以降でファーストステップからラストステップまでの各マネジメント能力を高める極意をまとめます。トップリーダー編では，コミュニケーションマネジメントのヒントを確認します。メソッド編からは，各マネジメント能力を獲得するための手法とポイントを確認します。

【ファーストステップ】　意思伝達マネジメント能力を高める極意

【トップリーダー編】 山中伸弥氏から学ぶ コミュニケーションマネジメントのヒント	【メソッド編】 アサーティブコミュニケーション理論 DESC法からの学び
レジリエンス（回復力）を大切にする 　回復力を意味し，ピンチを乗り越える力である「レジリエンス」を磨きましょう。部下のレジリエンス力が高まれば，部下のモチベーションを維持することができます。また困難な問題や危機的な状況に遭遇しても，部下はやりとげることができるのです。	**伝えることではなく，伝わらなければ意味がない** 　伝えることではなく，伝わることを第1に考えてコミュニケーションをとってみましょう。部下に理解されることが，正しい行動に移す近道です。
コミュニケーションを図ることに貪欲になる 　言葉の誤解は，感情が原因となることが多くあります。こちらがロジカルな部分に共感すれば，相手も気持ちを寄せてくれるものです。 　リーダーに共感する力があればチームはうまくいきます。そして伝える力を高めるためには，相手を知ることからはじめてみましょう。共感力はリーダーにとって重要です。	**アサーティブな自己表現を心がける** 　部下への指導・指示では相手の立場を配慮して，アサーティブな自己表現を心がけてみましょう。 　部下を尊重する表現によって，部下は聞く耳をもつことができ，指導を受け入れてくれるようになります。
4つの心得を忘れず部下に向き合う 　山中氏が平尾氏から贈られた4つの心得は，部下と関わるための指針となります。部下指導での意思伝達マネジメントの参考にもなります。 　人を叱るときは，人格は責めない，あとでフォローする，他人と比較しない，長時間叱らない，の4つを心におきましょう。これらは部下のモチベーションを高めるためにも忘れずにいたいものです。	**DESC法で部下のモチベーションをアップする** 　アサーティブコミュニケーションを段階化させたDESC法の活用は業務の生産性を高め，仕事によるストレスを軽減し，働きやすい環境を整えることができます。部下のモチベーションアップにもつながります。 　部下が気持ちよく業務をこなし，リーダーが効率よく仕事をすすめることができる効果的な手法です。

過去の経験，慣習・勘，前例，常識を疑う	DESC法をはじめる前に，聞いてもらえる体制を整える
過去の経験，慣習・勘，前例，常識は常に見直して考えましょう。リーダーは，勘や感覚，感情，思い込みをはずして，科学的な根拠に基づいた現段階での最善策の検討をおススメします。今の最適解を合理的に考えてみましょう。 　事実の把握は意思伝達マネジメントでも重要な要素です。	まずは聞いてもらえる体制を整え，建設的な会話を心がけます。そのうえで正しく部下を承認・評価し，感情的にさせないための指摘・注意の仕方などを考慮して指導してみましょう。
	DESC法を正しく活用する 順序良く表現することで，相手を配慮した表現を実現できます。 D【Discribe：描写する】 客観的事実を明確に具体的に示します。 E【Explain：表現する】 　【Empathize：共感する】 主観的な感情・気持ちを建設的で明確に表現して説明します。また共感も表現しましょう。 S【Suggest：提案する】 　【Specify：明示する】 相手が望む行動や妥協案，解決策，代替案を命令ではなく提案として伝えてみましょう。 C【Choose：選択する】 　【Consequences：結果を示す】 肯定的・否定的結果をあらかじめ考えておきましょう。

【セカンドステップ】 目標達成マネジメント能力の極意

【トップリーダー編】 森保一氏から学ぶ コミュニケーションマネジメントのヒント	【メソッド編】 コーチング理論 GROWモデルからの学び
選手をみることが， **的確な采配につながる** 　日ごろから選手の練習や活躍を把握し，大舞台での勝負強さを理解します。選手を信頼しているから采配ができるのです。何よりも選手をみることが監督の義務といえます。リーダーも部下をしっかり見て能力や性格を把握し，的確な采配を振りましょう。そして信頼できる他のスタッフと複数の目で情報交換を行いながら部下をみる必要があります。	**答えは部下の中にある** 　部下との関わりでは「答えは相手の中にある」を出発点とし，教えるマネジメントスタイルから，複数の視点をもたらし答えを引き出すスタイルへの転換が求められます。コーチングは人の可能性を発掘し，開花させることができるのです（宮越，2021，p.286）。
コーチング力と **コミュニケーション力の強化** 　選手を理解するためのコーチとのコミュニケーションは欠かせません。常にコーチにも意見を求め，選手にも問いを与えていくことが必要です。ビジネスでも部下をはじめ他のスタッフに意見を求め，質問により考える力を養うコミュニケーションが大切でしょう。自信をもたせプレッシャーを取り除くこともリーダーの役割です。	**リーダーの質問力の向上が部下を育てる** 　リーダーは質問により，①部下に新しい気づきをもたらし，②視点を増やし，③考え方や行動の選択肢を増やし，④目標達成に必要な行動を促進します。リーダーはこれらを先導したり強制したりせず，効果的な質問により部下を導きます。

ストロングポイントをのばす

　モチベーションを維持させることは，本人の能力をアップするために不可欠です。他人から怒られてモチベーションがあがることはありません。リーダーの役割は，部下の能力を見極めてストロングポイントをのばすことです。部下が自己のストロングポイントを認識することは，ポジティブな思考を育てることにつながります。強みをのばせば，弱みを補うことができます。

選手自らが自発的・自主的に動くよう導く

　ピッチで問題を解決できるのは選手だけです。だからこそ選手が強い意志をもち能動的に動くよう導く必要があるのです。情報を提供し質問を投げかけて問題を提起する。そして現実を理解してもらったうえで解決策を考え抜いてもらわなければなりません。理想よりも現実を知ることが重要でしょう。このバランスが崩れたら勝算はないのです。

適切なプロセス設計が目標達成のカギをにぎる

　目標を達成できるプロセス設計は，いかに具体的で肯定的であり，実現可能なプロセスを検討できるのか，これがカギをにぎります。現実を理解できず，具体策もなく曖昧な設計では，夢物語で終わってしまいます。

GROWモデルを正しく活用する

　目標達成のためのGROWモデルを活用し，部下の目標を実現に導きましょう。効果的な質問を積み上げて，目標達成マネジメント能力を高めます。

G【Goal：目標を明確にする】
目標を鮮明に具体的にイメージします。

R【Reality：現状を把握する】
　【Resource：資源を発見する】
現状・現実を具体的に把握し，目標とのギャップを明らかにします。また自分が何をもっているのかを考えて，現実的に使えるリソースを具体的に複数あげます。資源を増やすことで，最適のプロセスが考えられます。

O【Options：選択肢や方法を考える】
より多くの選択肢を考えて検討します。柔軟で効果的なやり方に気づくことは，部下が目標を達成するために欠かせません。この段階で正しい答えはわかりません。否定せずに制約なく案を見つけます。

W【Will：意志の確認】
とるべき行動が決まったら，いつからやるのか？　質問により具体的なプロセス目標につなげます。部下自らが行動する意志を確認しましょう。

【サードステップ】 行動変容マネジメント能力を高める極意

【トップリーダー編】 稲盛和夫氏から学ぶ コミュニケーションマネジメントのヒント	【メソッド編】 行動経済学ナッジ理論 MINDSPACEからの学び
利他の心で生きる 　人は自分のことを第1に考えがちです。心に余裕がないと，利己の心は強化されます。 　利他の心が部下の意識を変え，行動を変えるのです。	**脳は楽な道を選ぶ** 　人は熟考的に考えると脳のエネルギーを多く使います。人は脳の負担を最小限にしてエネルギーを温存するために，経験や先入観などから直感的に答えを出します。リーダーは人が感情や感覚，経験などに基づいて直感的な判断をくだすことを前提に，部下へのマネジメントを考える必要があります。
人として正しい判断をする 　リーダーにとって大事なことは公平無私であり，人を動かす原動力になります。人間として正しいことを正しく遂行することが，最適な判断につながるのです。	**教えるスタンスから 感じる・記憶に残すことに注力する** 　記憶に残るアプローチは意思決定の癖を利用するため，理解が早くなり，行動変容に導くことができます。リーダーは部下に対して理論的に教えようとするばかりではなく，バイアスを考慮して「感じる・記憶に残す」情報提供や指示を心がけましょう。
可能性を信じ切る 　新しいことを成し遂げられる人は，可能性を信じ切ることができる人です。あきらめずにやり通せば，成功しかないのです。	**MINDSPACEを理解する** 　MINDSPACEは人間の行動に影響を与える特性です。 Messengers（伝える人） Incentives（誘因） Norms（規範） Defaults（初期設定） Salience（顕著性） Priming（先行刺激） Affect（感情） Commitments（約束） Ego（自我）は，行動変容への介入に役立ちます。

<u>直感に響く情熱で人心を動かし，</u> <u>財政面は合理的に立て直す</u>	**ナッジが必要なとき**
何かを成し遂げるためには，人の心を動かす直感に響く情熱と，合理的に財政改革を実践する両輪が必要なのです。そして情報の透明性の高さがやる気を生み，利己の心も封じるのです。	①情報が多すぎたり複雑すぎたりして判断が難しい場合，②文字ばかりの情報で選択の結果がイメージしにくい場合，③ダイエットや英語力の向上など選択の結果がすぐに得られない場合，④意思決定の癖によって目標達成が難しい場合は，ナッジを活用したアプローチによって望ましい方向へと行動変容を促すことができます。

【ラストステップ】 問題解決マネジメント能力を高める極意

【トップリーダー編】 スティーブ・ジョブズ氏から学ぶ コミュニケーションマネジメントのヒント	【メソッド編】 発想法SCAMPER法からの学び
こだわりをもって生きる, 限界に挑戦する 　こだわりは情熱であり，信念です。こだわることが企業の技術を進歩させ，社会を豊かに発展させる原動力となるのです。こだわりは企業の技術力を高めます。このこだわりはメンバーが限界に挑戦するためのストレッチゴールとなり，最高のパフォーマンスを引き出すのです。ストレッチゴールの設定は，自己満足に陥ることを不可能にするのです。	**アイディアの絞り込みは, 現実と夢のバランスをみる** 　アイディアとは，既存の要素を新しく組み合わせることです。新しい発想を得るためには，自分だけの考えでは限界があります。チームや部下，他部署のメンバーにも働きかけて，知恵を借りましょう。たくさんアイディアが出たら，それを絞り込む必要があります。実現可能かを判断しますが，現実的過ぎると魅力のないものになってしまいます。難しい課題に取り組めるか？など様々な部署で検討する必要があります。現実と夢のバランスが大切です。
困難に向かうからこそ モチベーションが保てる 　ストレッチゴールにより，乗り越えた課題が難しいほど，やり遂げたときに部下は成長を感じられます。難しい複雑なプロジェクトや新しい課題への取り組みは，達成感を得ることができます。リーダーが部下に能力のストレッチを試みることは，部下のモチベーションアップにもつながります。その際，リーダーはその努力や勇気をねぎらう必要があります。自分をわかってくれるリーダーの承認は，部下が勇気をもってジャンプする機会を与えます。	**発想は批判せず，自由に，量を求める** 　アイディアを出している時は良し悪しの批判をせず，すべてのアイディアを受け入れます。自由奔放で常識から外れていることも大歓迎なのです。アイディアは量が多いほど素晴らしいものになる可能性が高くなります。他人のアイディアをさらに結合して別のアイディアを生み出すのです。100くらいのアイディアが出るようにSCAMPER法を活用して促しましょう。

点と点を結びつける

　すべての経験は人の知恵として蓄積され，いつか自分の役に立ちます。点は必ず将来の点に結びつくのです。問題は勝手に結びつくわけではないことです。いかに過去の出来事を，何かと結びつけるよう考え抜くのか？が必要です。経験を振り返り，小さなものも含めて経験を棚卸しましょう。

即戦力になる人材なんて存在しない。だからこそリーダーが育てる

　部下が即戦力としての能力を身に付けることは，リーダーの重要な使命です。質問は考えを広げ，思考を掘り下げます。適切な質問は，問題の解決やアイディアの着想に有効な手段です。リーダーの質問力スキルは部下の成長に必要です。「部下をどう育てるのか？」これはリーダーの大きな課題なのです。

恥は上等！　発言する勇気を讃えて，受け入れる心を大切に

　アイディアを出す時，完璧を求める必要はありません。不完全でつまらないアイディアをたくさん出すことで，次のアイディアが生まれます。恥をかいても良いのです。ただし，そのためには発言する勇気を讃えて，他者のアイディアを受け入れる心が必要です。

質問は思考を広げ，問題解決に導く

　SCAMPER法を活用することは，問題解決への視点や着眼点の多様化，多角化につながります。既にあるアイディアに少し手を加えるだけで新しいイディアがつくれます。
課題に対して，
Substitute（代用）
Combine（結合）
Adapt（応用）
Modify（修正）or Magnify（拡大）
Put to other uses（他の用途）
Eliminate（削除）
Reverse（逆転）or Rearrange（再編成）
の質問をすることにより，アイディアを生成します。

4．コミュニケーションマネジメントがうまくいかない場合

　本書のメソッド編では，意思伝達，目標達成，行動変容，問題解決のマネジメントに必要な理論をご紹介しました。リーダーのみなさまは「これならやれる」という方もいれば「そりゃそうかもしれないけれど…」「でもあの人に対しては無理なのでは…」など，いろいろな思いを抱きながら読み進んだかもしれません。

　筆者は，講演会で参加者の方々から「講演で紹介されたメソッド（内容）は理解できたのに，どうしてできないのだろう？」「知識だけだからできないの？」「熟達すればできるようになるの？」「常にできるようになりたいけれど，何か注意点はありますか？」などのご意見を頂きます。では，なぜうまくいかないのでしょうか？　理由を考えてみましょう。

　コミュニケーションを阻む理由があります。これらを理解していると，コミュニケーションマネジメントがやりやすくなります。うまくいかないと思った時，以下のあなたの心の声をチェックしてください。

（1）　嫌い・苦手などネガティブな感情がジャマをする

＊言っていることはわかるけど，あの人どうも苦手で賛成できないな…
＊愛想悪いし，なんか感じがよくなくて話しにくいな…
＊言っていることいつも違うし，どうも好きになれないな…
こんなあなたの心の声は聞こえませんか？

　相手のことが嫌い・苦手だと，コミュニケーションは成立しません。感情は表現や顔，態度に出てしまいます。あなたがもし部下を嫌い・苦手だと思っていたら，それは部下に伝わり，部下もあなたを苦手になるでしょう。

　コミュニケーションが思うようにとれない場合，ネガティブな感情が影響していないか？　考えてみましょう。ただし，誰にでも苦手などネガティブな感情はあるものです。自分の感情を理解していることが重要なのです。

（2）　価値観の違いがジャマをする

＊考え方が違うから，コミュニケーションとりにくいな…

＊話がかみ合わないんだよね…

＊どうも言っていることが納得できないな…

こんなあなたの心の声は聞こえませんか？

　人間はそれぞれが異なる生き物であり，育った環境が異なれば，価値観も変わります。同じ価値観の人を見つけるほうが難しいかもしれません。「この人とは価値観が違う。その考えには賛同できない。どうしてそんな行動をとるのか？」などと思うと，意見の受け入れが難しくなります。価値観がまるで同じ人は基本的にいません。人の価値観は違っても良いのです。開き直って「そんな考え自分にはできないけど，面白いな」と考えましょう。

（3）　先入観がジャマをする

＊あの人，前の職場でできなくて大変だったらしいよね…

＊あの人，結構厳しいしキツイ人らしいよ…

＊前回は●●で大丈夫だったから，今度も大丈夫なはずだけど…

こんなあなたの心の声は聞こえませんか？

　先入観はバイアスが働き，コミュニケーションを阻害します。本人に会う前に「あの人はダメだ」「あの人は使えない」なんて他の人から聞くと，どうしてもその情報に惑わされてしまいます。ただし，その情報はあくまでも，その発言した人の評価です。あなたの評価は違うかもしれません。人の評価ではなく，あなたがあなたの目で正しく評価して，部下やメンバーとの関係性を築きましょう。

（4）　部下・メンバーの能力・知識量を把握できていますか？

＊業界の専門用語知らないの？　話が通じてないけど…

＊●●のスキルもってないの？　認識ずれているかも…

＊あれ？　まだ経験ないのかな？　わかってもらえてないかも…

こんなあなたの心の声は聞こえませんか？

　なんでわかってくれないの？　なんで通じないのかな？なんて，コミュニケーションがうまくとれなかったり，メンバーマネジメントができなかったりすることもあるでしょう。そんな時は部下やメンバーの能力や知識量を確認する必要があります。これを間違えると正しい会話が成立しません。

　ただし，部下やメンバーの能力が低いとは限りません。リーダーだからといってすべての能力が高いとは限らないものです。自分よりもはるかに高い知識をもっている人はたくさんいます。部下の能力を把握することは，欠点を克服し良い点をのばしながら先に進むことにつながります。

【部下への確認例】

＊経理の経験はありますか？　●●はわかりますか？　もし経理の経験がない
　ようならば，専門用語は避けるようにしますね。

（5）　前提条件がずれているとすべてがずれる

＊あれ？　話がかみ合わないけど目的が違うかな…

＊ん？　それって既に改訂されてない？　条件違うよね…

＊えーっと，話がくい違っているけれど，設定は大丈夫かな…

こんなあなたの心の声は聞こえませんか？

　話をしていても，話がかみ合わないなぁと思うことはありませんか？　よくよく聞いてみると前提条件がずれていることがあります。前提条件，共通認識，言葉のずれ，目的の把握が違うなどに気がつかないと話がどんどん違う方向に進んでしまう場合があります。変だな？と思ったら，まずは前提条件の確認が必要です。

【部下への確認例】

＊わたしは●●だと認識していますが，あなたの認識と合っていますか？

（6）　主語と述語が適切ではない

＊それって誰の話をしているのかな…

＊結局，あなたはどうしたいのかな…

＊あれ？　それっていつの何の話？　誰のことかな…
<u>こんなあなたの心の声は聞こえませんか？</u>

　主語がなくても（省略されても）通じるのは，日本語の不思議なところです。主語を必要としない場合もあるし，主語の位置も文頭とは限りません。「昨日提案書出しました」は「（私は）昨日（A商事に新規事業の）提案書を出しました」が正解です。

　日本語は語順に寛容な言葉です。「<u>私は</u>学びます，英語を」でも「英語を，<u>私は</u>学びます」でも「英語を学びます，<u>私は</u>」でも通用します。ただし，相手に伝わっているかはわかりません。相手に伝わる正しい言葉を意識する必要があるでしょう。

【部下への確認例】
＊その話は，総務の佐藤さんが，明日午前中に稟議書を提出することになっていると聞いていますが，合っていますか？

（7）　心が疲れて余裕がない

＊言っていることがわからない，いらいらするな…
＊疲れて報告を聞く気になれないな，明日じゃだめかな…
＊忙しいから後にしてくれないかな，まったく…
<u>こんなあなたの心の声は聞こえませんか？</u>

　心が疲れていると，ポジティブな言葉が出ません。相手への共感も難しいでしょう。忙しさや難問にぶつかっている時，心は疲れて余裕がなくなり，相手を思いやる心や冷静な判断はできなくなるものです。いま疲れていないか？自分の状況や感情を理解することでコミュニケーションが変わります。わたしは疲れているな…，イライラしているな…，と認識したら，ストレッチや深呼吸でリフレッシュしてみましょう。

　なお，**うまくいかない原因をゼロにすることはできません。ゼロにする必要もありません。**コミュニケーションがうまくいかなくなった時，**その原因はどこにあるのか？　これらを点検してください。**いったん冷静になって原因がわ

かれば，コントロールができます。

5．ビジネスチャットコミュニケーションでの注意点

（1） チャット時代に考えるコミュニケーション

　働き方改革の一環や業務の効率化，利便性を高めるなどを理由として，いまでは報告や指示はビジネスチャットの活用が主流となっています。もちろん対面でのコミュニケーションは大切です。それでも限られた労働時間内で生産性をあげるためには，ツールの活用が必要なのでしょう。

　コミュニケーションは多様化し，オンラインやビジネスチャット，社内SNS，グループウエアなど数えきれないツールが世に出ています。しかもリモートワークの普及により，その活用現場は加速して増えています。価値観も以前とは異なり，昔ならば相手と直接話さないと失礼だった会話は，相手の時間や都合を考えてチャットで伝えることが常識だと考えられていることもあります。便利ではありますが，問題視される点も挙げられます。

■　リーダーは部下やメンバーとの情報量の違いを考えないで業務をチャットで依頼するため，部下には通じていない

■　依頼事項の背景の説明が不十分で，依頼されても結局アウトプットの出し直しが増える

■　大量にたまるメッセージが負担になり，チャット疲れがおこる

など，よく意見が出されます。コミュニケーションマネジメントの講演会において，筆者は参加者から「チャットでは何に注意してコミュニケーションをとったらよいのか？」と，質問を頂きます。

　では，どんな点に注意したらよいのでしょうか？　チャットコミュニケーションの問題点を考えてみましょう。

（2） チャットコミュニケーションの問題点

　コミュニケーションの基本はチャットでも変わりません。本書のメソッドを理解することは，チャットやSNSでも正しく情報を発信することにつながります。ただしチャットならではの，気をつけるポイント（問題点）があります。

その点に注意して，チャットコミュニケーションをとりましょう。

① 感情が伝わりにくい
＊なんか冷たいけれど，怒っているの？　わたしのこと嫌いなのかな？

　文章では，非言語的メッセージと呼ばれる表情や声の抑揚，口調などから感じ取ることができる相手の感情が伝わりません。困っているのか？　うれしいのか？　わかりません。相手が察してくれるだろうという思いは捨てます。**感謝や御礼，困っているなど感情は正しく言葉にして伝えましょう。**

② 短い文章のため，言葉が足らない場合がある
＊短文すぎて意味がわからない…ちょっと失礼だし，ストレスなのよね。

　メソッド編でも示しましたが，情報は具体的・明確に伝えないと，相手は理解できません。「依頼した資料を会議で使うので，早めに作ってください」なんてメッセージは混乱を招きます。文章を短くしようと思うと背景が読み取れずに混乱します。「経営会議の日程が前倒しになりました。来週の月曜日に変更です。申し訳ないけれど，金曜日までに依頼した資料を作成できますか？　ご検討ください」など，**長文は避けるべきですが，伝わっているか文章を見直しましょう。**

③ レスのスピードに翻弄される
＊既読しておいて，早く返さないと心配するかな…

　電話や対面のコミュニケーションでは時間帯やタイミングを気にして話をします。一方，チャットは時間に関係なく情報が送られます。そのため部下はすぐに返信をしなければ…と気にしてしまい，かえって仕事の邪魔になる場合があります。レスのスピードを気にすると，内容が薄くてわかりにくく，何度もやりとりが必要になり，無駄がおこります。**リーダーもメンバーもレスの回数が少なくて済む文章を心がけましょう。**

④ 言語化は難しい
＊この文で空気読めるかな，わかってほしいけど表現難しいなぁ…

　説明しにくい状況，言葉にできない感情，日本語の難しさなど，文章にすることは大変です。文章化が難しい問題は多いものです。特に話し言葉は読んでもわかりにくいものです。頭で浮かんだことをそのまま書くのは避けたほうがよいでしょう。また，いろいろ内容を盛り込むと余計にわかりにくくなります。

　表現は否定文よりも肯定文で書きましょう。「無償修理はできません」よりも「有償修理になります」のほうがわかりやすく，勘違いしにくいものです。

6．ダイナミックな変化の中を生きるビジネスリーダーへ

　リーダーを取り巻く環境は，ダイナミックな変化の連続です。だからこそ，柔軟で機敏であり，適応性の高いマネジメントスキルが求められます。人材育成もスピードアップが求められ，ゆっくり丁寧に育てていた時代はずいぶん昔のことになりました。

　リーダーが関わる部下やメンバーは新しい世代に移り変わり，彼らとの感覚の違いを肌で感じることもあるでしょう。若い世代は情報収集も意思決定も新しい価値観の中で生きています。

　いまは多様な人材を束ねてイノベーションを生む経営が求められ，そのために『個』の力を最大限引き出す必要があります。さらに世代的な面では，Z世代に代表される新しい価値観をもつ世代が増加し，企業と個人の関係も多様化しているのです。リーダーは対話の中で自律を促す共創型のマネジメントが求められ，そのためのスキルが必要であるものの，その獲得は難しいようです[1]。

　この先，どのような社会がわたしたちを待っているのでしょうか。世界の人口は増えるものの日本の人口は減少傾向にあります。平均寿命は延びるでしょう。都市化が進み，地方との格差が進むことも考えられます。気候変動による異常気象も生活に影響するでしょう。クリーンテックは躍進し，テクノロジーの進化もすさまじいものでしょう。

　どんな時代が訪れてもビジネスリーダーは，課題達成を効率的に行うと同時に，部下の成長も促していく，といういわば「二兎を追う」マネジメントスキルが求められるのです。

　この本が示すコミュニケーションマネジメントは，みなさまの羅針盤になる

でしょう。その方法論の知識を得ることで各段にマネジメントが楽になります。実行することで，あなた自身や関わる人々には必ず変化が訪れます。本書はマネジメントの手助けとなるでしょう。この本をフル活用していただくことで，部下へのマネジメントが良好なものになり，みなさまの部下が成長してくれることを願っています。

注　■───────────────

1　（HBR，通巻420号，pp.1-2）

あとがき

　中央経済社の編集企画会議が行われ，編集長の市田氏からこの本の出版について採用のご連絡を頂いた前の日，母は脳梗塞を患いました。父が亡くなって以降，高齢の母は兄夫婦と私の家を月半分程度行き来して暮らしています。

　その日の朝，私が仕事に出かけるとき「お寿司が食べたいから買ってきてね」という母の要望に応え，私はお昼過ぎにお寿司を買って家に戻りました。喜んでくれると思っていた母の反応は明らかに変でした。部屋の隅に壁向きで座っているのです。部屋にはたたんだ洗濯物がありましたが，半分は裏表逆で正しくたためていません。多分，作業の途中で脳梗塞を起こしたのだと推測します。

　次の朝から「ここはどこ？　お父さんは？」と，記憶の錯綜が続きました。麻痺はないため，最初はせん妄が起きているのだと思っていました（せん妄とは，突然発生して変動する障害で，注意力および思考力の低下，見当識障害，覚醒レベルの変動を特徴とします。高齢者は入院などの環境の変化に対応できず，せん妄を起こすことがあります）。しかし「記憶機能に関する部分に脳梗塞が起きている可能性があるので，MRI検査を受けたほうが良い」と，脳神経内科の医師である夫に指摘され受診したところ，右視床前部の脳梗塞が発覚しました。

　それから母は30分に一度，ひどいときは5分ごとに電話をかけてくるようになりました。同じ家の中にいても電話が鳴ります。同じことを何度も何度も繰り返し訴えます。不安やストレスが高いと，記憶の混乱はさらに激しくなるのです。

　母は皮膚がんと胸椎圧迫骨折，大腿骨頚部骨折を患ったことがありますが，とても元気でした。このまま母は大きな病気をしないと思っていました。しかし，それは甘い読みでした。母はとても気丈で強い女性です。普段の母は年齢には見えず思考もはっきりし，毎朝髪をセットして化粧をして洋服に気を配り過ごしていました。その母が何もしないで過ごしています。

　脳梗塞による急逝や身体麻痺を考えれば，記憶の障害は軽いと言えるかもし

216

れません。それでも記憶が定着せず，同じことを繰り返し話す母に応えること
は大変なことです。ただ，母の脳梗塞は悲しく残念なことではありますが，不
謹慎ながら，これは神様が私に優しくなれるよう仕向けてくれたチャンスなの
だと思っています。脳梗塞が起きる前まで，母の愚痴やできないことに対して
私は共感してあげることができませんでした。コミュニケーションを教える立
場でありながら，教えていることと実際には差異がありました。そんな自分が
許せませんでしたが，なかなか自分を変えることができません。そんな時，母
が一変したのです。

　今は何度同じことを言っても，母に共感し同じことを丁寧に答えている自分
がいます。もちろん回復を願っていますが，そのおかげで私は贖罪の機会を得
ています。

　コミュニケーションもマネジメントも難しいものです。誰もがコミュニケー
ションを取りながら生きています。毎日経験を重ねているにもかかわらず，他
者との良好なコミュニケーションは簡単ではありません。

　今回，長年授業や講演などで伝えてきたコミュニケーションマネジメントに
ついて書く機会を頂きましたが，これを常に実践で活用することは大変です。
しかし，誰もが他者との良好なコミュニケーションを望み，最善の結果を出せ
るようマネジメントを工夫し，時に反省し，言葉を重ねています。本書のトッ
プリーダーとメソッドを通して，この本がみなさまの適切なコミュニケーショ
ンマネジメントの一助になりますことを願っています。

　最後に，本書の出版にあたり，この本の出版に意義を感じ，機会を与えてく
ださいました株式会社中央経済社ホールディングス　代表取締役最高顧問　山
本時男氏，代表取締役会長　山本　継氏，代表取締役社長　山本憲央氏，そし
て担当の株式会社中央経済社取締役編集長の市田由紀子氏には心より御礼を申
し上げます。また，筆者の博士課程の指導教授である中央大学大学院戦略経営
研究科教授　中村博先生，市田氏を紹介してくださり本書の出版にあたり丁寧
に指導し，手厚くサポートしてくださいました中央大学名誉教授の田中洋先生
にも心から感謝を申し上げます。本書の執筆においてリアルなアドバイスとヒ
ントを授けてくれた中央大学大学院の友人にも御礼を申し上げます。

　すべてのビジネスパーソンが，最良のコミュニケーションマネジメントに
よって力を発揮し，幸せであることを願います。

杉本　ゆかり

参考文献

【はじめに】

桑原晃弥［2010］『スティーブ・ジョブズ名語録―人生に革命を起こす96の言葉（第13刷）』PHP文庫。

山中伸弥＆成田奈緒子［2021］『山中教授，同級生の小児脳科学者と子育てを語る（第3刷）』講談社。

ラーニングエージェンシー「2020年管理職の意識調査」 https://www.learningagency.co.jp/topics/202203312 （2023年9月6日現在）

リチャード・セイラー＆キャス・サンスティーン［2009］『実践行動経済学―健康，富，幸福への聡明な選択（第12刷）』（遠藤真美訳）日経BP社。

Japan Local Government Centre（JLGC）：London, 自治体国際化協会ロンドン事務所［2022］『Clair report No. 523, 英国の自治体におけるナッジの導入背景と活用事例』 https://www.clair.or.jp/j/forum/pub/docs/523.pdf （2023年9月6日現在）

『PRESIDENT（2013年3月18日号）』プレジデント社。

【第1章】

稲盛和夫＆山中伸弥［2017］『賢く生きるより　辛抱強いバカになれ（第2刷）』朝日新聞出版。

内田良一［2020］職場のメンタルヘルス支援へのアサーション・トレーニングの活用．精神療法，46(3), pp.18-23.

京都大学iPS細胞研究所CiRA, https://www.cira.kyoto-u.ac.jp/j/faq/faq_ips.html （2023年9月6日現在）

京都大学メールマガジン号外, https://www.kyoto-u.ac.jp/ja/archive/prev/issue/mm/backnumber/2012/extra_121016 （2023年9月9日現在）

京都大学125周年「発掘, 京大, 最先端の「知の創造」が医学・医療の未来を切り拓く［前編］」 https://125th.kyoto-u.ac.jp/discover/12/ （2023年9月9日現在）

日本経済新聞社（2012年10月10日）「山中氏の快挙支えた「右腕」iPSの秘密，2人で守る」 https://www.nikkei.com/article/DGXNASDG0903R_Z01C12A0CC1000/ （2023年9月6日現在）

野口直美＆藤川聡［2022］高校生のレジリエンスを高める教育的介入―陸上部における事例から―．北海道教育大学大学院高度教職実践専攻研究紀要：教職大学院研究紀要，12, pp.153-160.

野末聖香［2020］看護におけるアサーション・トレーニング．精神療法，46(3), pp.24-29.

『HBR：ハーバード・ビジネス・レビュー（通巻420号2013年9月号）』ダイヤモンド社。

平木典子［2020］アサーション・トレーニングと心身の健康．精神療法，46(3), pp.7-311.

平木典子［2012］『アサーション入門―自分も相手も大切にする自己表現法（第1刷）』講談社。

宮崎大学医学部看護学科（2020）「看護職向け短縮版アサーティブ・トレーニングプログラ

ム資料」http://www.med.miyazaki-u.ac.jp/home/homecarenurs/files/2020/06/Brief-Assertiveness-Training-Program.pdf　(2023年9月9日現在)

山口亮祐&宮本礼子［2018］他者の表情観察を通した認知的共感と情動的共感の神経基盤―成人女性を対象として―. 臨床神経生理学, 46(6), pp.567-577.

山中伸弥&伊藤穰一［2016］『「プレゼン」力―未来を変える「伝える」技術（第3刷）』講談社.

山中伸弥&平尾誠二・恵子［2021］『友情―平尾誠二と山中伸弥―最後の約束（第1刷）』講談社.

渡部麻美&相川充［2004］会話における主張発言と同調発言の組み合わせが対人魅力に及ぼす効果. 東京学芸大学紀要第1部門, 55, pp.65-73.

Bower, S. A., & Bower, G. H.［2004］Asserting yourself-updated edition : a practical guide for positive change. Hachette, London, UK.

J weekly（2018年6月29日）「高橋和利さんiPS細胞誕生の立役者」 https://jweeklyusa.com/1408/tokibito/　(2023年9月6日現在)

Mayfield, J., & Mayfield, M.［2012］The relationship between leader motivating language and self-efficacy : A partial least squares model analysis. The Journal of Business Communication, 49(4), pp.357-376.

MDV EBM insight「EBMとは」 https://www.mdv.co.jp/ebm/ebm/　(2023年9月9日現在)

Spain, E., & Woodruff, T.［2023］The applied strategic leadership process : Setting direction in a VUCA world. Journal of Character and Leadership Development, 10(1), pp.47-57.

【第2章】

朝日新聞デジタル（2022年11月16日）「連載ミシャ・エフェクト記事サッカーワールドカップ第3回」 https://www.asahi.com/articles/ASQCB6QNWQBXUTQP032.html（2023年9月9日現在）

出江紳一［2009］『リハスタッフのためのコーチング活用ガイド（第3刷）』医歯薬出版。

伊藤守［2002］『コーチング・マネジメント（第14刷）』ディスカバー・トゥエンティワン。

五百蔵容［2023］『森保ストラテジー―サッカー最強国撃破への長き物語（第1刷）』星海社。

経済産業省, ダイバーシティ経営の推進（2023年7月26日） https://www.meti.go.jp/policy/economy/jinzai/diversity/index.html　(2023年9月9日現在)

コーチ・エィ　アカデミア「コーチングの定義と三原則」 https://coachacademia.com/coaching/coaching-base.html　(2023年9月9日現在)

後藤健夫［2019］『森保ジャパン世界で勝つための条件―日本代表監督論（第1刷）』NHK出版。

『サンケイスポーツ特別版臨時増刊（2023年1月14日）森保JAPAN　ドーハの軌跡』産業経済新聞社。

ジョセフ・オコナー&アンドレア・ラゲス［2012］『コーチングのすべて―その成り立ち・流派・理論から実践の指針まで（第5刷）』（杉井要一郎訳）英治出版。

武石恵美子［2019］「適材適所」を考える：従業員の自律性を高める異動管理．法政大学生涯学習とキャリアデザイン，17(1)，pp.3-19.

『HBR：ハーバード・ビジネス・レビュー（通巻420号2013年9月号）』ダイヤモンド社。

ピーター，F.ドラッカー［2001］『マネジメント基本と原則エッセンシャル版（第57刷）』（上田惇生訳）ダイヤモンド社。

松尾睦［2019］『部下の強みを引き出す経験学習リーダーシップ（第3刷）』ダイヤモンド社。

宮越大樹［2021］『人生を変える！「コーチング脳」のつくり方（第2刷）』ぱる出版。

森保一＆西岡明彦［2023］『ぽいち 森保一自伝—雑草魂を胸に（第1刷）』青志社。

森保一［2014］『プロサッカー監督の仕事—非カリスマ型マネジメントの極意（第3刷）』カンゼン。

【第3章】

稲盛和夫［2004］『生き方（初版）』サンマーク出版。

稲盛和夫［2014］『京セラフィロソフィ（第12刷）』サンマーク出版。

稲盛和夫オフィシャルサイト（2012年7月19日）「人と企業を成長発展に導くもの—日本航空再建の真の要因と日本経済の再生について—」https://www.kyocera.co.jp/inamori/archive/lectures/jal.html（2023年9月9日現在）

稲盛和夫＆山中伸弥［2017］『賢く生きるより 辛抱強いバカになれ（第2刷）』朝日新聞出版。

岩崎一郎［2016］『なぜ稲盛和夫の経営哲学は，人を動かすのか？（第2刷）』クロスメディア・パブリッシング。

岩澤誠一郎［2020］『ケースメソッドMBA実況中継04行動経済学（第1刷）』ディスカバー・トゥエンティワン。

m3.com地域版（熊本，2020年8月28日）「看護師のユニホーム2色制導入後，残業時間が7分の1に減少，熊本地域医療センター看護部長に聞く（一般社団法人熊本市医師会熊本地域医療センター）」（2023年9月9現在）

大竹文雄＆平井啓［2018］『医療現場の行動経済学—すれ違う医者と患者（初版）』東洋経済新報社。

大竹文雄［2019］『行動経済学の使い方（第9刷）』岩波新書。

環境省［2019］「我が国の行政機関における デフォルトの活用事例」https://www.env.go.jp/content/900447923.pdf（2023年9月9日現在）

北村英哉［1990］顕現性が対人情報処理に及ぼす効果．社会心理学研究，6(1)，pp.62-69.

厚生労働省［2019］受診率向上施策ハンドブック（第1版）

齊藤未松，上島淳史，谷田林士＆亀田達也［2017］寄付先の選択と社会情報.行動経済学会.

佐々木周作，黒川博文＆西田貴紀［2018］第12大会サテライト・ワークショップ『"行動経済学は実務に活用できる"とはどういうことか？』行動経済学，11（Special issue），pp.60-78.

佐々木周作［2021］医療行動経済学をめぐる今日的論点．社会保障研究，6(3)，pp.218-232.

杉本ゆかり［2020］『患者インサイトを探る—継続受診行動を導く医療マーケティング（第2刷）』千倉書房。

ダニエル・カーネマン［2011］『ダニエル・カーネマン　心理と経済を語る（第3刷）』（友野典男監訳，山内あゆ子訳）楽工社。

ダニエル・カーネマン［2014］『ファスト＆スロー──あなたの意思はどのように決まるか？　上・下（第8刷）』（村井章子訳）早川書房。

ダン・アリエリ［2013］『予想どおりに不合理──行動経済学が明かす　あなたがそれを選ぶわけ（第23刷）』（熊谷淳子訳）早川書房。

千葉市総務局総務部給与課（2020年11月）「千葉市職員の子育て支援計画（第3期特定事業主行動計画）実施結果報告」　https://www.city.chiba.jp/somu/somu/kyuyo/documents/dai3ki_kouhyou.pdf　（2023年9月9日現在）

友野典男［2006］『行動経済学──経済は「感情」で動いている（23刷）』光文社。

原英次郎［2013］『稲森和夫流・意識改革　心は変えられる（第1刷）』ダイヤモンド社。

堀雅道［2015］株式会社日本航空の経営破綻と再建に関する一考察．観光学研究，14，pp.25-38.

山根承子，黒川博文，佐々木周作＆高阪勇毅［2019］『今日から使える行動経済学（初版）』ナツメ社。

マイケル・マハルコ［2012］『アイデア・バイブル（第1刷）』（齊藤勇監訳）ダイヤモンド社。

リチャード・セイラー＆キャス・サスティーン［2009］『実践行動経済学──健康，富，幸福への聡明な選択（第1版12刷）』（遠藤真美訳）日経BP社。

Ariely, D., & Wertenbroch, K [2002] Procrastination, deadlines, and performance : Self-control by precommitment. Psychological science, 13(3), pp.219-224.

Chan, C. R., & Park, H. D. (2015). How images and color in business plans influence venture investment screening decisions. Journal of business Venturing, 30(5), pp.732-748.

Dolan, P., Hallsworth, M., Halpern, D., King, D., & Vlaev, I. [2010] MINDSPACE : influencing behaviour for public policy. Institute of Government, London, UK.

Dolan, P., Hallsworth, M., Halpern, D., King, D., Metcalfe, R., & Vlaev, I. [2012] Influencing behaviour : The mindspace way. Journal of economic psychology, 33(1), pp.264-277.

Japan Local Government Centre (JLGC) : London, 自治体国際化協会ロンドン事務所［2022］『Clair report No. 523, 英国の自治体におけるナッジの導入背景と活用事例』　https://www.clair.or.jp/j/forum/pub/docs/523.pdf　（2023年9月6日現在）

Kahneman, D., & Frederick, S. [2002] Heuristics and biases : The psychology of intuitive judgment. Representativeness revisited : Attribute substitution in intuitive judgment (pp.49-81). Cambridge University Press, London, UK.

Liu, C., Vlaev, I., Fang, C., Denrell, J., & Chater, N. [2017] Strategizing with biases : Making better decisions using the mindspace approach. California Management Review, 59(3), pp.135-161.

Michie, S., Van Stralen, M. M., & West, R. [2011] The behaviour change wheel : a new method for characterising and designing behaviour change interventions. Implementation science, 6(1), pp.1-12.

Milkman, K. L., Beshears, J., Choi, J. J., Laibson, D., & Madrian, B. C. (2011). Using implementation intentions prompts to enhance influenza vaccination rates. Proceedings of the National Academy of Sciences, 108(26), pp.10415-10420.

【第4章】

アレックス，F，オスボーン［1958］『想像力を伸ばせ（初版）』（上野一郎訳）ダイヤモンド社。

ウォルター・アイザックソン［2011］『スティーブ・ジョブズⅠ・Ⅱ（第3刷）』（井口耕二訳）講談社。

小野義直＆宮田匠［2019］『思考法図鑑ひらめきを生む問題解決・アイディア発想のアプローチ60（第3刷）』アンド。

桑原晃弥［2011］『スティーブ・ジョブズ全発言―世界を動かした142の言葉（第4刷）』PHP研究所。

ジェームズ・W・ヤング［1988］『アイディアのつくり方（第78刷）』（今井茂雄訳）CCCメディアハウス。

ジョン・ドーア［2018］『Measure What Matters（第5刷）』（土方奈美訳）日本経済新聞社。

竹内一正［2010］『スティーブ・ジョブズvsビル・ゲイツ（第7刷）』PHPビジネス新書。

チョコザップ　https://chocozap.jp/　（2023年9月9日現在）

ツタヤ「シェアラウンジ」　https://tsutaya.tsite.jp/store/lounge/　（2023年9月9日現在）

日経クロストレンド（2022年9月2日）　https://xtrend.nikkei.com/atcl/contents/watch/00013/01964/　（2023年9月9日現在）

『HBR：ハーバード・ビジネス・レビュー通巻420号（2013年9月号）』ダイヤモンド社。

PR TIMES（2018年4月10日）「元祖，逆開き傘　KAZBRELLA（カズブレラ）新色が登場」　https://prtimes.jp/main/html/rd/p/000000002.000033293.html　（2023年9月9日現在）

ブレント・シュレンダー＆リック・テッツェリ［2018］『Becoming Steve Jobsビジョナリーへの成長物語上・下（第1刷）』（井口耕二訳）日本経済新聞社。

プレジデントオンライン（2012年2月13日）エイミー・ギャロ「なぜ「完璧主義者」は組織を破壊するのか」　https://president.jp/articles/-/6030　（2023年9月9日現在）

松尾睦［2019］『部下の強みを引き出す経験学習リーダーシップ（第3刷）』ダイヤモンド社。

松井啓之［2007］発想法．計測と制御，46(4)，pp.292-297.

モスバーガー「ライスバーガー誕生物語」　https://www.mos.jp/omoi/15/　（2023年9月9日現在）

【終章】

『HBR：ハーバード・ビジネス・レビュー（通巻420号2013年9月号）』ダイヤモンド社。

[著者紹介]

杉本ゆかり（すぎもと　ゆかり）

跡見学園女子大学兼任講師，群馬大学大学院非常勤講師，中央大学大学院アジア
ショッパーインサイト研究会主席研究員。
中央大学大学院戦略経営研究科修士課程（MBA）を首席で修了，同大学大学院同
研究科博士課程にて博士（DBA：経営管理）取得。医療系国家資格者を養成する
医療福祉専門学校学校長を経て現職。大学での講義のほか，医師会や医療機関，
企業等で講演活動を行う。主著『患者インサイトを探る』（千倉書房）。

リーダーのためのコミュニケーションマネジメント
——トップリーダーとメソッドから学ぶ部下育成の奥義

2024年2月29日　第1版第1刷発行

著　者　杉　本　　ゆかり
発行者　山　本　　　継
発行所　㈱中　央　経　済　社
発売元　㈱中央経済グループ
　　　　パブリッシング

〒101-0051　東京都千代田区神田神保町1-35
電話　03（3293）3371（編集代表）
　　　03（3293）3381（営業代表）
https://www.chuokeizai.co.jp
印刷／昭和情報プロセス㈱
製本／侑井上製本所

©2024
Printed in Japan

ベーシック＋プラス
Basic Plus

Let's START!

学びにプラス！
成長にプラス！
ベーシック＋で
はじめよう！

いま新しい時代を切り開く基礎力と応用力を兼ね備えた人材が求められています。
このシリーズは，各学問分野の基本的な知識や標準的な考え方を学ぶことにプラスして，一人ひとりが主体的に思考し，行動できるような「学び」をサポートしています。

ベーシック＋専用HP

教員向けサポートも充実！

中央経済社